Karl Braun

Frankfurt's Schmerzensschrei und Verwandtes

Karl Braun

Frankfurt's Schmerzensschrei und Verwandtes

ISBN/EAN: 9783744623957

Hergestellt in Europa, USA, Kanada, Australien, Japan

Cover: Foto ©ninafisch / pixelio.de

Weitere Bücher finden Sie auf **www.hansebooks.com**

Frankfurt's

Schmerzensschrei

und Verwandtes.

Von

Karl Braun,

Abgeordneter zum Norddeutschen Reichstag.

„Lectorem delectando pariterque monendo."

Leipzig

Verlag von Otto Wigand

1868.

Herrn Josef Görz in Mainz.

„Sunt, quibus in satira videar nimis acer
et ultra
Legem tendere opus.“
Horatius, Satir. II, 1.

Dieses harmlose Schriftchen, dem ich obiges Motto zur Abwehr vorsetze, kommt aus den Böhmischen Wäldern und von dem
Ursprung der Elbe, um Dich in den heiteren Rebengeländen des
Rheines aufzusuchen und Dir einen herzlichen Gruß zu bringen
von Deinem alten Reisegefährten, dem es leider heuer nicht ver-
gönnt war, Dich wie sonst in die Regionen der Gletscher und des
ewigen Schnees zu begleiten.

Ich will Dir, und damit auch dem geneigten Leser, sagen,
wie ich dazu gekommen bin, dies Opus zu schreiben:

Ich war während meiner schlesisch-böhmischen Gebirgsreise
im August 1868 von den Spitzen des Riesengebirgs hinunter
gestiegen nach den Quellen der Elbe, dem Elbfall und den „sieben
Gründen“, in welchen die verschiedenen Gewässer fließen, die dem
centralen Flusse Deutschlands auf böhmischer Erde die ersten
Fonds liefern, und hatte dann, dem guten Rathe eines Freundes
folgend, Quartier genommen auf der Spindelmühle, die zwischen
dem Berge „Hohes-Rad“ und der Stadt „Hohen-Elbe“ inmitten
in einem prachtvollen frischen grünen Grunde liegt, bei Vincenz
Richter, der der Weltanschauung von Gajus Julius Cäsar folgend, lieber in diesem Dorfe der Erste, als in Rom der Zweite
sein will, und in der That Dorfschulze, Kirchenvorstand, Gast-
wirth, Kaufmann, Bauer, Müller, Bäcker u. s. w. ist und noch
sonstige Aemter und Würden bekleidet, welche ich wegen der Kürze
meines Aufenthalts leider nicht vollständig zu ergründen im
Stande war.

So reizend dieser Aufenthalt, so ging es mir doch in soweit dort schlecht, als schon am zweiten Tage Gewitter eintraten und in ihrem Gefolge auf längere Zeit eine empfindliche Abkühlung der Luft und Regenwetter; wie nun selten ein Unglück allein kommt, so ereignete es sich weiter, daß ich, in die Unmöglichkeit versetzt, die gewohnten Fußtouren zu machen, der Langeweile verfiel, und zuerst einige böhmische Blätter verschlang, welche höchst unerquickliche und zum Theil schwer verständliche Geschichten vom Kampfe zwischen Czechen und Deutschen, und wieder vom Kriege zwischen Alt-Czechen und Jung-Czechen erzählten; daß ich dann aber, da mir diese Kost schlecht mundete, in meinem Reise-Koffer nach Lektüre suchte. Leider fand ich sie. Man hatte nämlich zum Packen eine Masse nicht ganz neuer Zeitungsblätter benutzt, in welchen die Berichte über das Wiener Schützenfest den größeren Raum einnahmen. Ich schälte nun die Blätter von den Kleidern los und begann sie zu lesen. Je mehr ich mich aber in das Wiener Schützenfest vertiefte, desto interessanter wurde es mir. Die Lorbeeren der Herren Siegmund Müller von Frankfurt und Johann Adam Trabert von Fulda ließen mich nicht schlafen. Zu dem ersten Unglück — dem schlechten Wetter — und dem zweiten — den alten Zeitungen — kam das dritte: Ich fing an zu schreiben.

Nach Berlin zurückgekehrt, gab ich das Geschriebene zweien Freunden zu lesen; sie wünschten es gedruckt zu sehen. Möge ihnen die Verantwortung dafür nicht zu schwer werden.

Erstes Kapitel.

Auf dem Schützenfeste in Wien.

Motto:
„Ich hab' mich göttlich amüsirt,
Ich hab' in Einem fort gesprochen
Und mit der Hand dabei vagirt,
Bis Alle unter'n Tisch gekrochen.“
C. F. Freiherr v. Schweizer.

Ich weiß, was man mir sagen wird, noch ehe ich nur den Mund aufgethan habe. Man wird sagen:

„Bah, Wiener Schützenfest! Wer mag denn heute noch im Ernst von dieser kolossalen Albernheit reden? Was ist Schützenfest? Bier- und Wein-Konsumtion, Singen, Schmollis-Trinken, Tischreden und Trinksprüche halten, Tusch blasen, Vivat schreien und mit mannhafter Tapferkeit auf einen hölzernen Gegenstand schießen, von dem man die sicherste Garantie hat, daß er nicht wieder zurückschießt. Waren da Tausende bewaffneter und wehrkräftiger Männer beisammen, haben uns Preußen Tod und Verderben geschworen, wollen unsern norddeutschen Bund zertrümmern; — ist denn aber auch nur Einer von ihnen gekommen, um uns Etwas zu Leide zu thun? Haben sie unserer norddeutschen Verfassung auch nur ein Härchen gekrümmt? Nein, es sind brave Leute; nachdem sie mit Mund und Gewehrmaul Lärm genug verübt, haben sie es gemacht, wie die Parochianen des Pfarrers zu Ohnewitz:

„Und als nun war die Predigt aus,
Ging Alles tief erbaut — nach Haus“ u. s. w.

Das einzige Reelle, was sie zu Stande gebracht haben, ist ein riesiges Defizit; und wenn künftig einer Stadt der Besuch des Schützenfestes angemeldet wird, und der Magistrat sich versammelt, um zu berathen, ob er von der Offerte Gebrauch machen soll, dann wird der regierende

Bürgermeister bedenklich den Finger an die weisheitsvolle obrigkeitliche Nase legen und mit Maria Stuart fragen:

> „Schrecken Euch
> Nicht Babington's, nicht Tischburn's blut'ge Häupter
> Auf London's Brücke warnend aufgesteckt?‟

Unter den beiden blut'gen Häuptern wird er das Manco von Bremen und das Defizit von Wien verstehn; und die Herrn Stadträthe werden ihm mit Blicken des wehmüthigen Einverständnisses zunicken, das Haupt schütteln und zu dem Obersten der Schützenbrüder sprechen: Schützen-Bruder, laß diesen Kelch an uns vorübergehen, denn siehe in unserer Kasse ist Ebbe, und das Steuerzahlen ist gerade nicht die Leidenschaft unserer verehrten Mitbürger. Und das Schützenfest wird ausgeboten werden wie sauer Bier, und Niemand wird es mehr nehmen wollen. Also liegt doch gewiß keine Ursache vor, sich darüber zu echauffiren. Im Gegentheil, belustigend ist die ganze Komödie im höchsten Grade; wenn z. B. der preußische Koriolan den lustigen Wienern das Gruseln beibringen will, indem er ihnen die Enthüllung macht, der Berliner Kreuzberg und die süditalienischen Abruzzen hätten unter Vermittelung eines gewissen Usedom eine schwarze Verschwörung entrirt, um den Wiener Stephansthurm aus den Wurzeln zu reißen; oder wenn ein kurhäßlicher Redner die Seifenblase der allersocial-demokratischsten und entschiedensten Föderativ-Republik steigen läßt, sie aber so geschickt zu wenden weiß, daß sie plötzlich eines alten griesgrämigen Herrn verdrießliches Gesicht wiederstrahlt, das durch das neueste Bild von Ludwig Knaus (die Hoheit auf Reisen) auch in nicht-kurhessischen weiteren Kreisen bekannt geworden ist; oder wenn ein Frankfurter versichert, die freie Stadt Frankfurt am Main leide Unsägliches, es geschehe ihr schwerer Bedrang und Herzeleid um ihrer deutschen Gesinnung willen, in Deutschland und namentlich im deutschen Norden sei Alles todt und hohl und leer; Hoffnung, Rettung, Hülfe sei nur noch bei Oesterreich. Und zu dem Allen brüllt das Publikum Beifall. Der einzige Redner, der eine wirkliche Idee exponirt, aber wird unterbrochen und findet kaum Gehör. Dies ist Karl Mayer aus Stuttgart, er setzt auseinander, wie sich, wenn er zu befehlen habe, die Zukunft Deutschlands gestalten soll. Er spricht nicht von dem Kreuzberg und den Abruzzen, nicht von den kurfürstlich-republikanischen Seifenblasen und nicht von dem Frankfurter Schmerzenreich, den der böse Golo Bismarck in der norddeutschen

Wüste, wo Alles hohl und leer ist, hat aussetzen lassen. Mayer macht bestimmte positive Vorschläge. Oesterreich, Süddeutschland, Norddeutschland, sollen sich zunächst Jedes für sich konstituiren, Jedes mit einem Reichstag; aus diesen drei Reichstagen aber soll auf dem Wege der Delegation ein deutsches Gesammtparlament gebildet werden u. s. w. Allerdings steht diesem Vorschlag nur die Kleinigkeit entgegen, daß Oesterreich, oder um mich richtig auszudrücken: die österreichisch-u n g a r i s c h e Monarchie, nicht will, und daß der Norddeutsche Bund noch viel weniger will; daß aber, was den Südbund anlangt, derselbe nicht im Stande ist, zu wollen, weil er überhaupt noch gar nicht existirt und niemals existiren wird, es sei denn etwa, daß Herr von Varnbüler Namens des konservativen und Herr Karl Mayer Namens des demokratischen Württemberg einen Südbund unter einander abschließen; daß endlich Bayern und Baden entschieden nicht wollen, und Hessen-Darmstadt nicht kann, weil es ja mit der Provinz Oberhessen schon im Nordbund ist, und wenn dieser nordische Fuß (le pied qui remue) marschirt, er den südlichen Fuß, die Provinzen Starkenburg und Rheinhessen (le pied, qui ne marche pas, wie's im bekannten Pariser Liede heißt) nachschleppt. Indessen das sind Kleinigkeiten. Karl Mayer und seine Partei haben im kleinen Königreich Württemberg so unendlich Großes vollbracht, warum sollten sie nicht, namentlich wenn sie erst einmal an der Spitze ihrer zukünftigen Schweizer-Miliz stehen, auch das große Gebiet: den Nordbund, Oesterreich, Preußen, Bayern und Baden zwingen, zu folgen, sie mögen nun wollen oder nicht. Doch Scherz bei Seite: Mayer's Rede war unter den im Sinne der süddeutschen Volkspartei gehaltenen die einzige, welche einen festgegliederten logischen Gedankengang und einen klaren deutlichen Inhalt hatte. Und grade sie fiel in's Wasser. Was beweist Das? Daß man auf dem Schützenfest keinen Inhalt will, daß man Gedanken dort nicht liebt; daß die Reden dort nichts sind und nach des festschmausenden Phäaken-Publikums bon plaisir nichts sein sollen, als ein Glas Champagner zum Gabelfrühstück, oder wenn man ein kräftigeres Bild zulassen will, ein herzhafter Schnaps auf einen fetten Braten. Was wollen Sie mehr? Wozu also noch von diesem Schützenfeste reden."

Ich kann Ihnen das Alles zugeben, antworte ich meinem Widersacher. Unter Umständen hat so eine confuse Wolke gar nichts auf sich, unter andern Umständen sehr viel. Ich war gestern auf der

1*

Kesselkoppe, die südwestlich vom Riesengebirge liegt und eine reizende
Aussicht bis tief nach Böhmen hinein bietet. Der schönste Sonnenschein lag über dem Lande. Da tauchte weit hinten, links vom Ziegen-
rücken, etwa im hintern Langengrunde, ein leicht gekräuseltes, Anfangs
von uns gering geschätztes Wölkchen auf. Während wir stritten, ob
es Rauch oder Nebel sei, war es schon eine große Gewitterwolke geworden. Eine halbe Stunde später stürmte, regnete und donnerte es,
daß die Baude (Sennhütte), in welche wir uns geflüchtet hatten, in
ihren Grundfesten wackelte; seitdem ist das Wetter schlecht geblieben
und wir sitzen festgenagelt auf der Spindelmühle. Annette Freiin
von Droste-Hülshof singt:

> Höhlen giebt es am Meeresstrand,
> Gewalt'ge Stalaktiten-Dome,
> Wo bläulich zuckt der Fackeln Brand
> Und Kähne gleiten, wie Phantome.
> Das Ruder schläft. Der Schiffer legt
> Die Hand Dir angstvoll auf die Lippe.
> Ein Räuspern nur, ein Fuß geregt,
> Und donnernd überm Haupte schlägt
> Zusammen Dir die Riesenlippe;

oder um es ganz prosaisch auszudrücken, das Geschrei eines ganz
dummen Jungen kann bei kritischer Konstellation eine Lawine in Bewegung setzen, die Dörfer verwüstet.

Wenn Herr von Beust, der Schlaueste aller Sachsen, es der
Mühe werth erachtet, auf dem Schützenfeste Gastrollen zu geben, dann
sind auch andere Leute berechtigt, demselben eine mehr als vorüber-
gehende Aufmerksamkeit zu schenken. Glauben Sie wohl, das Säbel-
gerassel in Frankreich, das wieder einmal den Wohlstand Europa's
um Hunderttausende geschädigt, wäre entstanden, wenn nicht vorher
das Redengerassel in Wien explodirt hätte? Wir wissen ja, was es
mit den Schützenreden auf sich hat. Aber dürfen wir von den Franzosen Dasselbe verlangen? So ein Franzose denkt: Wenn Tausende
deutscher Schützen beisammen sind mit Pulver und Blei und Stutzen,
und wenn sie, accompagnirt von tausend und abertausend anderen
Kehlen, schreien: „Nieder mit Preußen, nieder mit dem Norddeutschen
Bund!", so kann es unmöglich lange dauern, und die Kugeln fliegen
auf ein anderes Ziel, als auf die hölzerne Scheibe. Woher soll der
Franzose, wenn ihn Niemand darüber belehrt hat, wissen, daß das
Ganze, trotz wüthender Gesichter und grimmiger Reden, nichts ist, als

der harmloseste aller Scherze, und daß bei dieser ganzen Scheiben=
schießerei nie etwas Anderes herauskommt, als der Hanswurst?

War denn auch nur ein e i n z i g e r Redner in der Festhalle zu
Wien so ehrlich, wie der Sommernachtstraum=Löwe, der in „Pyramus
und Thisbe" spielt, und den Theseus, der Herzog von Athen, mit
Recht „a very gentle beast and of a good conscience" nennt, —
jener Löwe, der zu den Damen von Athen sagte: „Edle Frauen, ich
weiß wohl, daß Ihr kaum eine Maus im Zimmer rascheln hören
könnt, ohne zu erschrecken, und fürchte daher, wenn ich nun, wie meine
Rolle mir vorschreibt, in voller Wuth brüllend über die Bühne rase,
dann könnte Euch etwas Uebeles zustoßen; und deßwegen sage ich Euch
vorher im Vertrauen: ich b i n gar kein L ö w e, sondern stelle mich
nur so, ich bin ja L e i m der Schreiner und thue Euch gewiß nichts
zu Leide." Konnte nicht auf dem Wiener Schützenfeste, in Nach=
ahmung dieses klassischen Vorbildes, ein Redner sagen: „Wenn ich
hier gegen Preußen donnere, so weiß ich warum; aber ich weiß auch,
die Mehrzahl von Euch sind gute Menschen, die aufrichtig den Frieden
erhalten zu sehen wünschen, und wäre es auch aus keinem andern
Grunde, als daß die Geschäfte wieder gehn, die so lange gestockt haben,
und daß auf der Börse wieder die goldenen Fliegen im Sonnenschein
tanzen können; ich fürchte nun, wenn ich, wie meine Rolle mir vor=
schreibt, in voller Wuth brüllend gegen Preußen rase, dann könnten
Euch daraus Ungelegenheiten erwachsen, man könnte mich jenseits der
Vogesen ernsthaft nehmen, und es käme dann wieder eine neue Panique
in die Welt, die wir — denn Friedensfanatiker sind wir ja doch Alle,
Alle, trotz unserer Schießprügel, unserer Gemsbärte auf dem Hute
und unserer Schnurrbärte unter der Nase — wir Alle miteinander
nicht wollen; denn wenn man Frau und Kinder ernähren soll und
sich nebenbei noch allerlei Vergnügen und Kurzweil machen will, z. B.
so ein bescheidenes und billiges (hier ruft ein sächsischer Schützen=
bruder: Hört, hört!) Vergnügen, wie das Schützenfest, dann, sage ich
Euch, müssen die Geschäfte gehn; und deßhalb sage ich Euch weiter
auf das Allerentschiedenste (Bravo!): Ich bin kein Mann des Kriegs
und der Revolution. Ich stelle mich nur so. Ich bin kein R e v o =
l u t i o n ä r, sondern ein R e s o l u t i o n ä r (Hört!). Wenn ich in
der Volksversammlung gehörig gedonnert und meine Resolutionen,
die natürlich immer am Weitesten gehn, durchgesetzt habe, dann gehe
ich als ruhiger Bürger nach Hause und lege mich auf mein Ohr, im

Bewußtsein treuer Pflichterfüllung und in dem süßen Gefühl, in den nächsten acht Tagen aller Zeitungen Spalten und aller Leute Mund zu füllen. „Monstrari digito et dicier hic est," sagt Juvenal, und würde auch ich sagen, wenn nicht das Citiren durch Einen jener nationalliberalen Hurrah-Schreier („Bravo! Hurrah, Hurrah!" von der äußersten Linken) so in Verruf gebracht, und wenn nicht überhaupt das Lateinsprechen eine Majestätsbeleidigung gegen das deutsche Volk wäre. Denn das Volk ist souverän und braucht kein Latein zu wissen! (Bravo!) Und deßhalb sage ich Euch, dem souveränen deutschen Volke, in biederem ehrlichem Deutsch (Bravo!): Wenn ich auch den Krieg predige, ich will den Frieden. Fürchtet Euch daher nicht vor meinen furchtbaren Worten. Ich bin nicht der rothe Löwe des lateinischen Viertels, sondern der bekannte wahrheitliebende gute Röhrle aus Zopfingen." Allseitiges, stürmisches, immer wieder von Neuem aufflackerndes und anschwellendes, nie enden wollendes Hurrah, Hoch, Bravo, Vivat, Evviva, Zivio, Eljen, — lebhafter, wüthender, fanatischer Beifall würde der Erfolg eines solchen Redners gewesen sein.

Leider hatte Keiner „von Allen, die da kamen," Keiner von dem Volke mit Waffen, Keiner von dem Volke mit Worten, diesen sublimen Einfall. Und so ist denn das Schützenfest leider mißverstanden worden; es hat beinahe einen europäischen Krieg provozirt und jedenfalls die materiellen Interessen auf das Tiefste beschädigt, woran die ehrenwerthen Herren Redner ohne Zweifel nicht im Allerentferntesten gedacht haben.

Das Schützenfest ist mißverstanden worden nicht nur in Frankreich, sondern sogar in dem stammverwandten Oesterreich, wo man freilich Personen, Zustände und Verhältnisse „da draußen im Reich" (so nennt man in Oesterreich bekanntlich Deutschland) fast grade so wenig kennt, als in Frankreich die Dinge „au-delà du Rhin".

Während sich früher mit Oesterreich, wenigstens mit der öffentlichen Meinung in Oesterreich — denn die auswärtige Politik des Herrn von Beust ist zu verwickelt, als daß sich ein gewöhnliches Menschenkind ein Urtheil über dieselbe anmaßen könnte — ein leidliches Verhältniß wieder anzubahnen schien, hat sich Das seit dem Schützenfeste in's Gegentheil verkehrt. Man sitzt in Wien wieder so hoch zu Rosse, wie im Juni 1866. Eine von der großdeutschen

Preſſe als „hochoffiziös" charakteriſirte Wiener Feder ſchreibt in der Augsburger „Allgemeinen Zeitung":

„Wir warten beruhigt den Tag ab, an welchem man (d. i. Deutſchland) uns rufen wird, um uns die Gleichberechtigung mit Preußen anzubieten und für Süddeutſchland im Weſentlichen die Prärogative zu übertragen, welche Preußen in der nördlichen Hälfte des deutſchen Geſammtvaterlandes übt."

Wenn der Satz nur nach ſeinem Wortlaute zu verſtehen wäre, wenn der Hochoffiziöſe bloß „warten" wollte, nun, dann hätte es weiter nichts auf ſich. Er könnte dann noch lange warten; eben ſo lange wie der „Wir-können-warten"-Ritter von Schmerling. Aber ſo iſt es offenbar nicht gemeint. So lange Preußen, wie es dies jetzt iſt, ſelbſt Herr ſeiner Geſchicke bleibt, wird es natürlich nie den thörichten Einfall haben, Oeſterreich die Gleichberechtigung in Deutſchland anzubieten, und damit jenen unſeligen Dualismus wieder herzuſtellen, zu deſſen Beſeitigung vor zwei Jahren Ströme von Blut gefloſſen ſind. Wenn alſo der Hochoffiziöſe dennoch mit Sicherheit auf eine ſolche Offerte rechnet, ſo ſetzt er voraus, Preußen werde in einer nicht all zu fernen Zukunft in eine Lage kommen, wo es nicht mehr Herr ſeiner Geſchicke, ſondern in ſolcher Noth und Rathloſigkeit ſein wird, daß es, um Oeſterreichs Beiſtand zu erlangen, demſelben ſelbſt ſolche Dinge anzubieten genöthigt iſt, welche mit einer ehrenvollen Exiſtenz Preußens nicht vereinbar ſind. Er rechnet alſo auf eine Wiederkehr der Tage von Olmütz. Er wünſcht ſie. Er arbeitet darauf hinaus. Denn vorausſetzen, wünſchen und Daraufhinarbeiten ſind in der praktiſchen Politik nur durch ſehr leiſe und kaum bemerkbare Uebergänge getrennt. Vor dem Schützenfeſt würde vielleicht auch dem Hochoffiziöſen ein ſolcher Gedanke etwas barock erſchienen ſein. Nach demſelben ſpricht er ihn gelaſſen aus, mit einem an den Anſchein mathematiſcher Gewißheit gränzenden ſicheren Aplomb.

Aber was will denn Oeſterreich in Deutſchland? Was kann es für ſich dort Nützliches und Heilſames erwarten? Kann man denn in der Hofburg jene verhängnißvolle Rückerinnerung an das ſpaniſch-habsburgiſche Reich, in welchem die Sonne nicht unterging, immer noch nicht wieder los werden? Warum denn immer über die natürlichen Grenzen hinaus ſtreben? Warum immer nur auswärtige und nicht einmal vorwiegend innere Politik, warum nicht endlich einmal

statt der extensiven, die intensive Landwirthschaft, welche für die
Finanzen weit vortheilhafter ist? Welchen Nutzen hat denn Oesterreich von seiner italienischen und von seiner deutschen Fremdherrschaft
gehabt? Gewiß wir haben Ursache, ihm alles Glück und allen Erfolg
in seinen inneren Gestaltungs- und Rekonstruktionsversuchen zu
wünschen; aber können dieselben gelingen, wenn es ewig die Hände
in allen möglichen fremden Angelegenheiten hat? Man sollte doch
denken, es habe mit seinen eigenen häuslichen Geschäften im Augenblicke mehr als übergenug zu thun; und die Frage, ob sich in Oesterreich diese verschiedenen Stimmen der Völker zu einem harmonischen
Concert vereinigen oder zu einer wüsten Katzenmusik ausarten, ob
diese große Mannigfaltigkeit von Substanzen zu einem Tutti frutti
verarbeitet werde, oder in Essiggährung übergehe und zu mixed pickles
ausarte, diese Frage läge der Regierung der österreichisch-unga-
rischen Monarchie unendlich weit näher, als die: was aus dem,
dem habsburgischen Scepter nicht unterworfenen Deutschland wird.

Ich finde es sehr begreiflich, daß die eingefleischten Particula-
risten und dynastischen Sonderbündler nicht enden wollen mit Wehklagen darüber, daß Oesterreich zu Deutschland „hinausgestoßen"
worden ist. Aber sie denken dabei nicht an Oesterreich, sondern nur
an sich selbst. Für sie und ihre Sonder-Interessen war jene verhängnißvolle Stellung Oesterreichs, die durch das Jahr Sechs und sechzig
ihr Ende erreicht hat, allerdings von sehr großem Nutzen; für Oesterreich selbst war sie schädlich. Sie führte es zu einer Reihe von
Verwickelungen und Niederlagen, in welchen ihm (das Königreich
Sachsen ausgenommen) Keiner von den Andern einen erheblichen
Beistand anders, als mit Worten und mit Schriften, geleistet hat.
Hätte Oesterreich im Jahre 1859 sich direkt mit Preußen zu ver-
ständigen gesucht, statt der vergeblichen Versuche, es durch den Bundestag zu majorisiren, es wäre ihm besser gewesen. Die Wieder-
holung des Versuchs in einer anderen Richtung, auf dem Frankfurter
Fürstentag August 1863, führte ebenfalls zu einem glänzenden Fiasco.
Im Jahr 1866 faßte zwar die Majorität des Bundestags (mag sie
nun eine wirkliche oder von dem bückeburgischen Gesandten Victor von
Strauß künstlich fabrizirte gewesen sein) einen sehr tapfern Beschluß,
aber mit ihren Rüstungen war sie damals noch lange nicht fertig;
und als es zum Krieg kam, leisteten die Kontingente des südwestlichen
Deutschlands wenig und für Oesterreich gar nichts, weil die obersten

Kriegsherren kein solidarisch gemeinsames Interesse hatten und jeden=
falls ein Jeder mehr an sich dachte, als an Oesterreich und an die
realiter gar nicht existirende, sondern lediglich auf einer papierenen
Abstraction beruhenden sogen. „Bundessache‟. Dafür schimpfte man
aber nach dem Krieg desto herzhafter auf Oesterreich, und behauptete,
daß man von demselben „schmählich im Stich gelassen worden sei‟.
So lange Oesterreich Bundespräsidialgewalt war, ließ es sich stets
durch das formelle Stimmenverhältniß im Bundestag über die mate=
riellen Machtverhältnisse täuschen, und auf dieser Täuschung beruhete
sein Verhängniß, das sofort eintrat, als Preußen aufhörte, schwach=
müthig zu sein.

Ebenso wenig, wie in der auswärtigen Politik, hat Oesterreich
die Frankfurter Stellung jemals in der inneren etwas genützt. Nie=
mals ist von dem Bundestag irgend ein zeitgemäßes Gesetz oder eine
gemeinnützige Maßregel ausgegangen, welche den Völkern Oesterreichs
zu gute gekommen wäre. Oesterreich nahm überhaupt von den
Bundestags=Verordnungen, welche unter seinem Präsidium zu Stande
gekommen waren, für sich niemals die geringste Notiz. Es publizirte
sie zu Hause nicht einmal. Sie galten überhaupt nur für die
„Heloten des Bundes‟, d. h. für die Mittel= und Kleinstaaten, und
waren bloß eine Maschinerie mehr, um dort die polizeiliche Allgewalt
Oesterreichs und das Metternich'sche System zu erhalten und zu be=
festigen, das in Deutschland den Sturz seines Urhebers so lange
überdauert hat. Oesterreich verlor übrigens auch gar nichts dabei,
daß ihm die saueren Früchte des Bundestags nicht zu gute kamen.
Der letztere war in der That nichts, als — der frühere preußische
Minister von Manteuffel charakterisirte ihn einmal so in dem Abge=
ordnetenhause und zwar in der Absicht, ihn zu loben, — eine Feuer=
löschanstalt. Dieses Lob verwandelt sich aber in Tadel, wenn man
hinzufügt, daß der österreichische Bundesoberpräsidial=Feuerwerker die
Feuerspritzen nicht dann arbeiten ließ, wenn es wirklich brannte,
sondern dann, wenn er in dem deutschen Volke irgend eine nationale
oder liberale Regung zu verspüren glaubte, welche er mit dem kalten
Wasser seiner Maschinerie niederzuschlagen gedachte.

Dadurch, daß gegenwärtig nicht mehr ein österreichischer Feuer=
polizei=Director auf der großen Bundesspritze sitzt und uns mit kaltem
Wasser begießt, hat Oesterreich in Deutschland an wirklichem Ansehn
außerordentlich gewonnen. Alle Gehässigkeiten — und deren waren

nicht wenige, man denke nur an die sogen. „Demagogen-Hetzen" der Bundescentraluntersuchungscommission, die mit den Hetzenprozessen eine traurige Aehnlichkeit hatten — jeder Rückschritt, jede rechtswidrige Gewalt, jede Verkümmerung der politischen, wirthschaftlichen und religiösen Freiheit in den Einzelstaaten, welche vom Bundestag ausging, wurde (mit Recht oder mit Unrecht, das ist einerlei) zunächst auf Oesterreichs Rechnung gesetzt, weil man wußte, daß am Bundestage und bei der Mehrzahl der Einzelnregierungen sein Einfluß weit stärker war, als der Preußens. So wurde Oesterreich (und zuweilen der Abwechslung halber auch Preußen) der Sündenbock, auf welchen die kleineren Regierungen ihre Missethaten abluden, und die bête noire, welche das deutsche Volk für alles Schlechte verantwortlich machten. Man glaubte gar nicht mehr an die Möglichkeit eines Fortschritts in Oesterreich, namentlich nachdem es zwischen sich und Deutschland die chinesische Mauer des Konkordats mit Rom so recht geflissentlich aufgerichtet hatte. Und in der That ist ja auch eine Erschütterung dieser Mauer und der Beginn eines Fortschritts in Oesterreich (der freilich nicht überschätzt werden darf, weil er bis jetzt nur auf dem Papier steht, und dergleichen große Anläufe in Oesterreich in der Regel bald wieder rückgängig werden) erst eingetreten, nachdem es seine ungesunde Frankfurter Stellung aufgegeben hat. Es hat daher materiell durch den Frieden von Sechs und sechzig gewonnen; und die bloße Rancune über eine Niederlage auf dem Schlachtfeld herrscht bei einem gesunden Volke nicht so lange und so stark vor, daß es sich dadurch in Betreff seiner wirklichen und dauernden Interessen sollte verblenden lassen.

„Nicht ewig zürnen darfst Du, der Du endlich bist", sagt ein gnomischer Dichter Griechenlands, den Aristoteles in seiner Rhetorik (Buch II. Kap. 21. § 6) zitirt.

Daß aber die kleinstaatlichen Metterniche, die Nachfolger und Akolythen der Herrn Blittersdorf, Abel, Du Thil, Marschall, Linden, und wie diese kleinen Größen der guten alten Bundestagszeit heißen mögen, immer noch zürnen, daß sie in ihren Preßorganen, in den conservativen sowohl wie in den radicalen — letztere werden von einer ganz aparten Sorte von „Hofdemagogen" geleitet; deren Naturgeschichte zu schreiben wäre ein verdienstliches Unternehmen, dessen Ausführung wir wohl von Einem unserer Freunde im Großherzogthum Hessen hoffen dürfen —, immer noch Ströme von Tinten-

thränen darüber vergießen, daß Oesterreich, wie sie es nennen, „hinausgestoßen" worden ist, während sich doch Oesterreich erst seit diesem
angeblichen Hinausstoßen bei sich zu Hause wohl zu befinden scheint,
das finde ich begreiflich. Diese Thränen sind jedoch Krokodilthränen.
Man vergießt sie nicht um Oesterreichs, sondern um seiner selbst
willen.

Denn seitdem es keinen Bundestag und keine österreichische
Bundespräsidialgewalt mehr giebt, ist es aus mit jenem Schaukelspiel,
— mit dem einzigen Geschäfte, das jene Herrn gründlich gelernt
hatten und von dem sie ihr eigenes und ihres borniert-reactionären
Systems Dasein fristeten. Sie gleichen dem Seiltänzer, der keinen
sichern Tritt mehr findet, weil man ihm die Balancierstange auf der
einen Seite abgeschnitten hat, und der doch das Seil nicht verlassen
will. Denn der Arme kann ja nichts, als Seiltanzen.

Es war ja so bequem und so süß jenes Schaukeln, — sich auf
Preußens Seite zu schlagen, wenn Oesterreich, und auf Oesterreichs
Seite, wenn Preußen etwas Vernünftiges wollte, jede Reform durch
sein polnisches liberum veto zu hindern, oder seinen Beitritt zu dieser
oder jener Seite zu verkaufen gegen Konzessionen, welche dem kleinen
Souverainetäts-Dünkel und der Eitelkeit der Duodez-Pascha's zum
Vortheil gereichten, aber niemals dem eigenen Ländchen, das ja nur
als eine Kron-Domäne betrachtet wurde, mit der Zweckbestimmung,
die Mittel aufzubringen zur reichen Belohnung der Getreuen und
ihrer Sippschaft bis in das siebente Glied. O, es ist schmerzlich zu
sehen, daß die unerschöpflichen Quellen versiegt sind oder zu andern
Dingen, wie z. B. zur Stärkung der nationalen Wehrkraft, verwendet
werden. Darf man sich darüber wundern, daß ein hoher Beamter
des vormaligen souverainen Kleinstaats, ein Beamter, der doch zugleich oder in erster Linie Familien-Oberhaupt ist, und von dem Kind
und Kindeskind, Vettern und Basen Ehren, Versorgung und Brot
erwarteten, und der sich jetzt, trotzdem daß er sich der treusten Er-
füllung seiner Pflicht, der Pflicht nämlich, stets auf das dynastische
Sonderinteresse und niemals auf das des Landes zu achten, auf das
Vollständigste bewußt ist, außer Stand sieht, seine und seiner großen
Familie Ansprüche zu befriedigen, aus Aerger und Verzweiflung
plötzlich aus einem strammen Reactionär ein wüthender Demokrat
wird, die Jacobiner-Mütze auf den kahlen Scheitel stülpt und für das
„Selbstbestimmungsrecht der Völker" schwärmt, worunter er das

Recht eines vormaligen Kleinstaates versteht, den Depossedirten wieder zu installiren und mit ihm dessen Getreue und deren zahllosen Troß in den vorigen Stand wieder einzusetzen?

Ach, und in jenen schönen Tagen von Aranjuez, die nun vorüber sind und niemals wiederkehren, konnte man seinen Mund überfließen lassen von den allerliberalsten Redensarten und dabei doch das blöd-sinnigste reactionäre Regiment führen; man konnte bei Tage auf seinem Ministerium den Sultan en miniature und Abends auf der Bürger-Ressource den Marquis Posa spielen.

Ich erinnere mich irgendwo (ich glaube wohl, es war in einer der Publikationen aus dem Nachlasse von Varnhagen von Ense), gelesen zu haben, daß König Friedrich Wilhelm IV., der seiner ganzen Weltanschauung nach eigentlich von Haus aus kein Freund des Polizeistaats war und am Beginn seiner Regierung, bevor ihm die Entwickelung und Schärfung der Gegensätze das Gemüth verbittert und den Geist umdüstert hatten, selbst das Bedürfniß fühlte, den vom Bundestag auf die Nation gelegten Polizeidruck zu lindern, sich leb-haft darüber beklagte, daß einige kleinere Höfe, sobald er einen Schritt zur Aufhebung der Censur oder in ähnlicher Richtung that, ihm flehentliche Vorstellungen dagegen machten, er möge ihnen doch um Gotteswillen Das nicht anthun und auf dem begonnenen Wege ein-halten, denn sonst müßten sie ihm darauf nachfolgen, und das könnten sie bei der bösartig-revolutionären Stimmung ihrer geliebten und getreuen Unterthanen unmöglich riskiren. Während aber die be-treffenden Regierungen solche Erklärungen in Berlin abgaben, floßen sie zu Hause über von liberalen Redensarten. Sie versicherten, sie selbst schwärmten mehr, als irgend Jemand Anderes, für Preß- und Vereins-Freiheit, Volksbewaffnung und Schwurgerichte, Minister-Verantwortlichkeit und Reformen aller Art, das Herz im Leibe thue ihnen weh, daß sie das Alles nicht so machen könnten, wie sie wollten, aber es gehe nun einmal nicht, denn der Bundestag leide es nicht, oder Preußen habe Einsprache erhoben, das böse Preußen sei ja über-haupt an Allem schuld, ansonsten würde „unser zwar kleines, aber schönes Land der Hort der Freiheit und das Paradies des Wohl-standes sein".

Konnte man sich nicht mit Preußen entschuldigen, dann berief man sich auf Oesterreich. Eins von Beiden hielt unter allen Um-ständen vor. Die Verhandlungen am Bundestage waren geheim;

ebenſo die mit Preußen und Oeſterreich. Die liberale Oppoſition
konnte ſomit die Wahrheit nicht eruiren. Sie dachte auch kaum
daran; denn ſie hatte ſich in das ihr täglich geprediate Dogma von
der Schlechtigkeit Preußens ſo feſtgebiſſen, daß ſie aus Abſcheu gegen
Preußen während der dreißiger Jahre in den ſüdweſtdeutſchen Kammern ſogar den Anſchluß an den Zollverein auf das Lebhafteſte be-
kämpfte.

Mit jener ſchönen Praxis des Verſtecken-Spielens iſt es nun
aus. Der Bundestag und der Dualismus haben aufgehört. Die
jetzige Bundesgewalt ſteht unter der Controle des Parlaments und
der Oeffentlichkeit. Man kann nicht mehr Schaukel noch Verſteckens
ſpielen. Verſichert ein Miniſter zu Hauſe ſeinem Landtag in Betreff
der Bundesgewalt dieſes oder jenes, ſo muß er darauf gefaßt ſein,
daß im Reichstage Jemand den Bundeskanzler interpellirt, wie es
ſich damit verhalte; und es kann dann paſſiren, daß des Letzteren
Antwort und des Miniſters Verſicherung in einem ſo verhängnißvollen
Widerſpruche ſtehen, wie die öffentliche Beantwortung der Inter-
pellation des Fürſten Solms über das Verhältniß von Heſſen-Darm-
ſtadt Seitens des Grafen von Bismarck, auf der einen, und die Er-
öffnungen über denſelben Gegenſtand, welche Herr von Dalwigk dem
Darmſtädter Landtage gemacht hat, auf der anderen Seite.

Hinc illae lacrymae! Das iſt der Grund, warum jene guten
Leute und ſchlechten Muſikanten, jene reactionären Biedermänner von
Ehedem, die jetzt die rothe phrygiſche Mütze mit der Inſchrift „Selbſt-
beſtimmungsrecht der Völker" — „Freiheit — Gleichheit — Brüder-
lichkeit" tragen, jedoch um auf alle Fälle gerüſtet zu ſein, unter der-
ſelben verſteckt ſich ihren theueren Zopf conſerviren, umwickelt mit
dem weißgelben Welfenbande, worauf geſchrieben ſteht: „Dieu et
mon droit" (mein göttliches Recht) und „Retrorsum!" (zurück!
immer weiter zurück!), — warum jene Leute, ſage ich, den Nord-
deutſchen Bund und ſeine Verfaſſung ſo abſcheulich finden und
ſich über das Hinausſtoßen Oeſterreichs immer noch nicht beruhigen
können.

So erklärlich dies nun auch von ihrem Standpunkte aus ſein
mag, ſo unbegreiflich wäre es, wenn Oeſterreich oder wenn ein erheb-
licher Theil des deutſchen Volks auf dieſen faulen Zopf anbeißen
wollte.

Wäre wirklich bei uns ein ſolcher Ueberfluß an Geiſtes- und

Gemüthsschwäche und ein solcher Mangel an Gedächtniß als vorhanden anzunehmen, dann könnten wir uns allerdings darauf gefaßt machen, daß die Deutschen demnächst ihre Blittersdorf, Haffenpflug und Werren unter die Sternbilder versetzen, nächtlicher Weile beim Mondenscheine Klagelieder singen über den Untergang der Schwarzen Commission in Mainz, und dem alten Kaiser Friedrich Barbarossa die Wohnung im Kyffhäuser kündigen, um sie dem letzten österreichischen Präsidialgesandten von Frankfurt einzuräumen — bis zur glorreichen Wiederauferstehung des Bundestags und aller begrabenen Zöpfe.

Zweites Kapitel.

Der Schmerzensschrei in Frankfurt am Main.

Motto:
„'S war Einer, dem's zu Herzen ging,
Herzen ging,
Daß ihm kein Zopf mehr hinten hing,
hinten hing;
Er wollt' es anders haben."

Der Frankfurter Schmerzensschrei wurde auf dem Wiener Schützenfeste durch Herrn Siegmund Müller ausgestoßen, dem das Preußisch-Sein doch eigentlich nichts Neues ist. Denn er ist der Sohn eines preußischen Beamten und wurde als Preuße (in Wetzlar) geboren; er wanderte erst später nach Frankfurt aus, wo seiner Mutter das Bürgerrecht zustand. Dr. S. Müller ist eine in den liberalen und parlamentarischen Kreisen bekannte Persönlichkeit. Seit 1859 war er ein eifriges Mitglied des Nationalvereins, in dessen Vorstand er saß. Eben so gehörte er dem Abgeordneten-Tage, dem Kongresse deutscher Landesvertretungen und dem Sechsunddreißiger-Ausschuß an.

In Frankfurt führte er gewöhnlich den Vorsitz in jenen Versammlungen, welche sich gegen die großdeutschen Phantastereien und für die preußische Spitze aussprachen.

Am 21. August 1863 tagte gleichzeitig mit der damals von

Oesterreich berufenen Fürstenversammlung der Kongreß deutscher Abgeordneten in Frankfurt. Auf Antrag seiner Kommission und nach Anhörung des Referates des Professor Häußer von Heidelberg, der sich damals gegenüber dem Abgeordneten=Tage nicht minder große Verdienste um die deutsche Sache erwarb, wie der Freiherr Franz von Roggenbach gegenüber dem Fürstentage, sprach sich diese Versammlung mit imposanter Majorität aus: gegen die österreichische „Reform=Acte", gegen die österreichische Hegemonie und gegen das, wohl dem österreichischen Nationalitäten=Kaleidoscop, aber nicht der einheitlichen deutschen Nation entsprechende Durchsiebungs=System gehäufter Delegationen, sowie gegen die Art, wie Oesterreich Alles Das auf dem Wege der Ueberrumpelung nur durch den Fürstentag und ohne Zustimmung der Nation durch eine aus freien, directen und allgemeinen Wahlen hervorgegangene Vertretung, durchzusetzen gedachte.

Dr. Siegmund Müller eröffnete im Namen und Auftrage des Vorstandes diesen Kongreß mit einer energischen Zurückweisung aller particularistischen Gelüste, mit einer Aufforderung zu wachsamster Vorsicht gegenüber den Urhebern des Reformprojects, welche bisher für Deutschland so schlecht gesorgt hätten, daß es noch jetzt ängstlich aufpassen müßte, was etwa ein unruhiger Nachbar am Neujahrstage spreche, oder nicht spreche. Er ermahnte die Mitglieder der Versammlung, sie möchten sich nicht als Vertreter einzelner Länder, Ländchen und Städte, sondern nur als deutsche Abgeordnete betrachten, sie möchten das Wohl Deutschlands, und nicht das eines Territoriums, einer Stadt oder einer Dynastie, im Auge behalten.

Müller ging damals Hand in Hand mit v. Unruh, Schulze=Delitzsch, Prof. v. Sybel von Bonn, Jung von Köln, Völk von Augsburg, Lang von Wiesbaden, Bluntschli und Häußer von Heidelberg, Rebelthau und Oetker von Cassel, Hölder und Seeger von Stuttgart, Präs. Lette von Berlin, Metz von Darmstadt, v. Bennigsen, Miquel und Planck aus Hannover, mit welchen er einmüthig im Ausschuß und Vorstand zum Zwecke der Realisirung der Beschlüsse der Versammlung fungirte.

Von einem Manne, der während seines öffentlichen Lebens, von 1859 bis 1866, dieser Richtung angehört hat, durfte man, wenn er sich überhaupt bemüßigt fand, das Wiener Schützenfest mit seiner Gegenwart zu beehren und dort als Festredner aufzutreten, etwas Anderes erwarten, als Wehklagen darüber, daß die Stadt Frankfurt

um ihrer deutschen Gesinnung willen gepeinigt worden, und die Behauptung, daß in Norddeutschland (wo doch in der kurzen Zeit des
Bestehens der neuen Verfassung für bürgerliche und wirthschaftliche
Freiheit mehr geschehen ist, als im alten Bunde während des ganzen
halben Jahrhunderts, in welchem der von Oesterreich dirigirte Bundestag in Frankfurt florirte), Alles hohl und leer, und Trost und Hoffnung
und Hülfe für uns nirgends mehr zu finden sei, als bei Oesterreich
(welches froh wäre, wenn es sich selber zu helfen wüßte).

Allein man muß bedenken, Dr. Siegmund Müller sprach nicht
in seinem Namen und noch viel weniger im Namen der Versammlungen, welchen er in der Zeit von 1859 bis 1866 angehörte, oder
der oben genannten Patrioten, mit welchen er damals Hand in Hand
ging, sondern im Namen von Frankfurt; und es läßt sich nicht bestreiten, daß er in der Rede, welche er auf dem Schützenfeste in Wien
hielt, die Stimmung eines Theils der Bevölkerung der Stadt Frankfurt, und zwar grade desjenigen Theiles, der allein in der Oeffentlichkeit das große Wort führt, richtig wiedergegeben hat.

Ueber diese Stimmung gelangen nur fragmentarische und ten-
denziöse Berichte in die Oeffentlichkeit; und es hat sich bis jetzt noch
Niemand die Mühe genommen, die Frage, aus welchen Elementen sie
sich componirt und welchen Ursachen sie entspringt, einer gründlichen
Prüfung zu unterziehen. Und doch wäre eine solche Untersuchung im
öffentlichen Interesse geboten. Ich will deßhalb versuchen, einiges
Material für dieselbe zu liefern.

Indem ich die Schlußfolgerungen vorerst dem eigenen Nachdenken
des geneigten Lesers überlasse, halte ich mich an die Thatsachen und be-
ginne mit der Schilderung der Zustände:

Ein Freund, der lange in Frankfurt gewohnt und während der
zwei oder drei Jahre seines damaligen Aufenthaltes die Versammlungen des dortigen Nationalvereins leiten half, an welchen sich die
Frankfurter Bevölkerung auf das Eifrigste und Zahlreichste betheiligte,
erzählte mir, er sei zum ersten Male seit jener Zeit im Juli 1868,
kurz vor dem großen „Exitus", dem Ausmarsche des Frankfurter
„Volks in Waffen" nach der Kaiserstadt Wien, wieder einmal durch
Geschäfte nach Frankfurt zurückgeführt worden und sei wahrhaft er-
staunt gewesen über die dort herrschende Stimmung. Auf antipreußische Gesinnung sei er ja wohl gefaßt gewesen, aber nicht auf
Das, was er wirklich gefunden. Er gab mir darauf eine in's Detail

gehende Schilderung und bat mich, wenn ich Zeit habe, sie niederzu-
schreiben und zu veröffentlichen, denn es werde namentlich in Frankreich und in den Blättern der kurfürstlichen Welfen-Demokratie so
viel unwahres und albernes Zeug über die Stimmung in Frankfurt
geschrieben, daß er es für nützlich, ja nöthig erachte, einmal der Welt
das ungeschminkte Gesicht zu zeigen, auf daß die Stadt vor Schaden
bewahrt und bei der legitimistischen Contrerevolution in Prag und
Hietzing, die für das Deutschland von 1868 dasselbe sei, wie für das
Frankreich von 1792 die Emigranten in Coblenz, keine unbegründeten
Erwartungen und Hoffnungen auf den Frankfurter „Republikanis-
mus" gebaut würden. Ich gebe daher meinem Freunde Max das
Wort:

Da ich vorher die „France", die „preußische Schreckenszeit in
Frankfurt" von Dumas, sowie den Stuttgarter „Beobachter", die
Deutsche Volkszeitung von Hannover und die Hessische Volkszeitung,
welche Adam Trabert aus Fulda jetzt in Cassel herausgiebt — es ist
derselbe Trabert, der früher gleichzeitig mit mir in Frankfurt und
damals ein eifriger Anhänger des Nationalvereins und ein Vertheil-
diger der preußischen Spitze war —, so erwartete ich auf Schritt und
Tritt stoischen und eisernen Republikanern zu begegnen, wie sie uns
Schiller in seiner „Verschwörung des Fiesco in Genua", diesem
„republikanischen Trauerspiel", schon in dem Verzeichniß der Personen schildert, als da sind: Erstens: „Verrina, geschworner Republikaner; Mann von sechzig Jahren; schwer ernst und düster; tiefe Züge".
Zweitens: „Bourgognino, Verschworner; Jüngling von zwanzig
Jahren; edel und angenehm; stolz, rasch und natürlich". Drittens:
„Sacco, Verschworner; Mann von fünf und vierzig Jahren, gewöhnlicher Mensch"; u. s. w.

Allein ich irrte mich sehr. Ich fand keinen Verrina und keinen
Bourgognino, ja nicht einmal einen Sacco, der doch nach Schiller nur
ein gewöhnlicher Mensch ist. Ich fand überhaupt keine Republikaner
und keine Verschwornen, sondern die lieben alten gemüthlichen Frankfurter, Bier, Wei (Wein) und Eppelwei (Apfelwein) trinkend, gern
plaudernd, schimpfend, schreiend, tobend, dabei aber so durchaus ungefährlich, daß, wenn der Norddeutsche Bund keine anderen Widersacher hätte, als diese, jeder Pfennig seines Militair-Budgets rein
weggeworfenes Geld wäre.

Gleich am ersten Morgen begegnete ich zwei alten Bekannten,

einem Verfertiger von „Frankfurter Würstchen", die wirklich über
alles Lob erhaben und der wichtigste Export-Artikel von Frankfurt
sind, und dem Besitzer eines Bierausschanks, welcher sich seit Kurzem
zur Ruhe gesetzt hatte. Sie begrüßten mich sehr freundlich und luden
mich zu einem „Schoppen-Stechen" ein.   Das Schoppenstechen ist
nämlich eine uralte, durch das Herkommen geheiligte Sitte; es hat
nichts mit Turnier und Waffen zu thun, sondern besteht darin, daß
man Morgens ein Glas Wein oder auch mehrere, jedoch selten über
1 bis 1½ Flaschen der Mann, trinkt und eine Kleinigkeit dazu ißt,
damit Einem die Zeit bis zum Mittags-Essen nicht zu lang wird.

Ich nahm, obgleich es nach meinen Begriffen noch sehr früh
war, die freundliche Einladung an, und wir marschirten selband in
die dem Terke-Schuß (Türkenschuß) gegenüber liegende „Gifthütte",
die trotz ihres ominösen Namens recht guten Wein spendete. Schon
beim ersten Glas kamen wir leider auf Politik zu sprechen.   Meine
Freunde fragten mich nämlich, was ich denn von Preußen und dem
Norddeutschen Bunde halte.   Ich machte kein Hehl daraus, daß ich,
unbeschadet theilweiser Mißbilligung der innern Politik in Preußen
und des immer deutlicher zu Tage tretenden Antagonismus zwischen
der preußischen Bundes-Regierung und der preußischen Landes-Regie-
rung, die zusammen einen Januskopf tragen, an dem erstere das neue
und letztere das alte Gesicht repräsentiren, daß ich also abgesehen von
Dem und Anderem, ein aufrichtiger Anhänger der seit 1866 ein-
getretenen Wendung der deutschen Geschicke sei, „und", fügte ich etwas
provozirend und prüfend hinzu, „ich hoffe, Sie sind es auch; denn
wir waren doch auch Anno Ein und sechzig in unseren hiesigen Natio-
nalvereinsversammlungen immer derselben Meinung und alle Drei,
wenigstens damals, stets eifrige Anhänger der preußischen Spitze".

Damit waren die Schleusen der Beredtsamkeit geöffnet.   Der
Bierwirth a. D. führte das Wort, während der Fabrikant der trefflichen Würste ihn mit Kopfnicken und zustimmenden Lauten accom-
pagnirte und aufmunterte.

Der Bierwirth sprach:

„Nein, mein lieber Herr Max, da sind Sie denn doch abscheulich
schief gewickelt.   Es ist wahr, wir waren für die preußisch' Spitz',
und wir wären's vielleicht noch, wenn der Preuß' nicht Alles verhunzt
hätt, und wenn Alles mit Recht und Ordnung und in Liebe, Freund-
schaft und Güte zugegangen wär'.   Denn in dem Fall, da wär' doch

das Parlament und das Reichsministerium nach Frankfurt gekommen,
wo es Anno Acht und vierzig und Neun und vierzig war, und wo es
doch auch jetzt wieder hingehört. Denn so hatte es doch auch der
Nationalverein immer beschlossen. Der war ja doch immer für die
Neun und vierziger Reichsverfassung. Und da steht's doch drin, daß
Alles Das in Frankfurt sein soll und sonst nirgends. Jetzt aber ist
uns das Alles an der Nase vorbeigegangen und sitzt in Berlin, wo's
doch nicht halb so schön ist, als in Frankfurt, das doch allgemein für
das zweite Paradies gilt. Die süddeutschen Zollparlaments-Herren,
besonders die Württemberger, die haben uns das ganz klar und deutlich gesagt, wie sie von Berlin zurück kamen. „„„In dem Berlin
da““', sagten sie, „„„da ist nichts als Sand und nicht einmal gewöhn-
liche Lindenbäume gedeihen dort; in der Haupt-Gasse, so was hier in
Frankfurt „„„die Zeil"""' ist, da stehn die Lindenbäume zwar, aber sie
sind ganz heruntergekommen, weil sie im Winter verfrieren und im
Sommer verdorren; die Menschen müssen arbeiten, wie die Gäul' und
haben höchstens Sonntags einmal ein Plaisir; von Schoppen-Stechen
an jedem Werkeltag-Morgen in der ganzen Woch' ist gar kein' Red';
und der Wein, der dort grassirt, no, davon soll man einem ehrlichen
Christenmenschen gar nicht reden; nein, da gedeiht nimmer kein Parlament nicht, kein Zollparlament nicht, und kein Vollparlament nicht;
nein, Wein müssen wir haben, und dann gut, und dafür lieber ein
Bißchen mehr!"""' So sagten uns damals die Herrn aus Schwaben,
und die verstehn's und sind immer für die Freiheit gewesen; wenn
sie's auch jetzt mit den Jesuiten und den Junkern, mit dem Varnbüler
und dem Mitternacht, halten. Das ist ja bloß Klugheit und Ver-
stellung, weil sie durch die Art, wie die regieren, am Schnellsten zur
allgemeinen deutschen Föderativ-Republik kommen, wo dann doch auch
wieder Frankfurt die Hauptstadt werden muß, so wie es Washington
in Amerika ist.

Glauben Sie denn etwa das verschlüg uns nichts, ob das Parlament in Frankfurt ist oder nicht?

Ei den Teufel auch! Sehn Sie, Herr Max, ich bin von Geburt kein Frankfurter, sondern aus Friedberg im Hessen-Darm-
städtischen; — aber für Frankfurt laß ich mein Leben; und von
frühester Jugend auf war mein Sinn einzig darauf gestellt, Frankfurter Bürger zu werden; denn so ein Frankfurter Bürger ist damals
ja so viel gewesen, wie in einem anderen Lande ein Prinz. Ich war

in Frankfurt als Geselle in der Küferei in der Lehr' und da hab' ich
erst gesehn, was da das Handwerk für einen goldnen Boden hat.
Kein Fremder darf nicht herein, und wenn so ein Zunftmeister das
Arbeiten satt hat, dann verkauft er einem Andern, der das Meister-
recht nicht erlangen kann, seine Firma, und dafür muß Der ihm auf
Lebenszeit eine fette Leibrente bezahlen, daß er in Ruhe und Frieden
vergnügt bis an sein Ende leben kann, wie unser Herrgott in Frankreich.   Das ist Ihnen ganz was Anderes, als in Ihrem hungerigen
Preußen, wo die Leute arbeiten müssen, wenn sie gut leben wollen.

Ja freilich, das Hereinkommen, das war schwer damals.   Ich
hab' es auf alle Arten probirt, mit Geld und Gunst, mit Lamentiren
und Schmieren und Suppliziren; 's hat All' nichts geholfen.   Da
hab' ich am Ende eine alte Meisterstochter heirathen müssen.   Die hat
mir das Bürgerrecht zugebracht.   Gott hab' sie selig in der Ewigkeit.
Sie war zwanzig Jahr älter, als ich, und hat natürlich deßhalb auch
früher sterben müssen; und einmal muß ja Jeder dran glauben.   Es
war eine brave Frau, und ich will ihr nichts Böses nachsagen.   Und
es ist doch eine sehr schöne Einrichtung, wenn so jede Bürgerstochter
ihre ganz sichere Versorgung hat, wie hier in Frankfurt.   Jede fand
Absatz, wie eine Semmel auf dem Bäckerladen.   Denn wie in Frankreich jeder Soldat den Marschallstab im Tornister, so trug in Frankfurt jede Bürgerstochter für ihren Bräutigam und zukünftigen Ehe-
gespons das Bürgerrecht in ihrem Strickbeutel.   Mochte der Zahn
der Zeit noch so arg an ihr genagt, mochte sie noch so lang in der
Welt herumgefahren, in aller Herren Länder gedient und Abenteuer
erlebt haben, — ein Mann, der Bürger werden wollte und dazu
keinen andern Weg wußte, als eine Bürgerstochter zu heirathen, fand
sich immer auf's Letzte doch noch.   Unser Konrector, bei dem mein
Fritzchen lateinisch lernt, sagte immer, eine solche Frankfurter Bürgerstochter könnte mit demselben Recht, wie ein römischer Bürger, mit
demselben Stolze könnte sie sagen — nu, wie doch? helfen Sie mir
doch ein wenig, Herr Max.   Sie wissen ja, mein Bier war immer
gut, aber Latein kann ich nicht."

„„Wie ein römischer Bürger sagen: Civis romanus sum,"""
schaltete ich ergänzend ein.

„Ja, ganz richtig, „„„Zieh im Roman herum"""".   Diese Einrichtung zum Wohle der Wittwen und Waisen hat nun auch der
Teufel geholt durch diesen Preuß' und diesen Norddeutschen Bund.

Jetzt kann jeder Lump zur Stadt herein, während es doch früher unser Einem so schwer gemacht wurde. Ist das nicht eine schreiende Ungerechtigkeit? Ich sollte denken, was dem Einen recht ist, ist dem Andern billig. Hab' ich eine alte Bürgerstochter heirathen müssen, um hereinzukommen, warum soll denn da heut' zu Tage jeder junge Maulaffe mir nichts Dir nichts, mit irgend einer hergelaufenen Person zugezogen kommen dürfen und nicht mehr die hohe Obrigkeit fragen müssen, ob er heirathen dürfe und wen er heirathen soll? Das soll Freiheit sein?! Nein, sag' ich, das ist Zügellosigkeit, das ist eine Verletzung der heiligsten Rechte der durch freireichsstädtisches Herkommen sanktionirten Privilegien und Anwartschaften der Bürgerstöchter unserer Stadt. Wer selbst Familienvater ist, wer selbst sechs Töchter hat, wovon drei jeden Tag heirathen könnten und wollten, wenn nur Einer da wär', — der weiß so was zu würdigen. Aber in Preußen gilt heute die Stimme des Bürgers nichts mehr; und der Junker lacht da über die heiligsten Gefühle der väterlichen Brust. Denken Sie sich, kürzlich haben sich in einer einzigen Woche sechs und dreißig Paare auf preußisch kopuliren lassen, welchen der hohe Senat allemiteinander das Heirathen abgeschlagen hätte, — denn sie hatten schon vor der Kopulation, weil sie nicht heirathen durften, jedes einen oder ein Paar Bankerte mit einander. Denken Sie sich diese Unsittlichkeit, diesen schnöden preußischen und norddeutschen Hohn auf Anstand und Moral, auf Zucht und Sitte! Ja, wo sollen denn die ehrbaren Bürgertöchter die Männer zum Heirathen herkriegen? Das sag' ich Ihnen, ich hab' manchmal, so lang sie noch da waren und regierten, ein giftiges Maul gegen den Senat und den Bundestag gehabt — denn warum? ich war immer für die Freiheit! ich war nie servil —, aber jetzt, wo beide nicht mehr da sind, da kann man es ja sagen, ohne sich dem Verdachte des Servilismus auszusetzen — wären der Bundestag und der hohe Senat — Gott hab' ihn selig in der Ewigkeit — wären Die noch da, so was, so eine Affenschande, wie mit dem Auf-Preußisch-Heirathen ohne hohe obrigkeitliche Erlaubniß, ohne Gicks noch Gacks, Alles zum blutigen Nachtheile der eingeborenen Bürgerstöchter, ein solch' heidnischer Greuel wäre nie und nimmer passirt! Ei da soll ja ein Kreuz-Million-Donnerwetter hineinschlagen! Und da soll man nicht fuchs-teufels-wild werden gegen die miserabel' preußisch' Wirthschaft?! Nein, Herr Max, das nehmen Sie mir nicht übel. Ich war immer ein freier

Mann. Ich habe als Republikaner gelebt und als Republikaner will ich auch sterben. Man kann mich auswendig schwarz-weiß anstreichen. Das muß ich mir gefallen lassen. Aber das Herz inwendig bleibt roth und weiß! Frankfurtisch in alle Ewigkeit!"

„„Aber die Gewerbefreiheit,"" sagte ich, um ihn wieder ein wenig zu beruhigen, denn er schlug mit beiden Fäusten auf den Tisch, daß sein Frühschoppen wackelte, „„die Gewerbefreiheit, die hat doch nicht Preußen, sondern der Senat und der gesetzgebende Körper der freien Reichsstadt selbst gemacht, wenn ich nicht irre, schon am Anfang der sechziger Jahre. Ist es nicht so?""

„Nun ja, freilich ist's so," replizirte er, „aber was der Senat machte, das ging doch Alles hübsch piano, nicht so gewaltthätig und mörderisch, nicht so alsfort Blut und Eisen, wie jetzt seit den unglücklichen preußischen Bismarck's Zeiten. Sehn Sie, bei der Art Gewerbefreiheit kam ja doch Niemand zu kurz. Wer eine Gerechtigkeit hatte, der wurde vollauf entschädigt. Er bekam mehr, als jemals das Ding werth war. Und die freie Konkurrenz drückte uns auch nicht. Gewerbefreiheit ist noch lange keine Zugfreiheit; und wenn der hochweise Senat keinen Fremden hereinläßt, dann kann uns auch kein Fremder Konkurrenz machen; und Alles bleibt hübsch beim Alten. Man hat auch nicht gehört, daß von der Sorte Gewerbefreiheit die Milchbrödchen (Semmel) größer geworden wären, wie der Dr. Malß prophezeit hatte; aber jetzt, wo Jeder herein kann, ohne zu fragen, jetzt ist der Teufel an allen Ecken und Enden los. Keine Ruh bei Tag und Nacht!

Ja früher, da hätte man zur Noth auch die Fremden hereinlassen können. Denn warum? Die Stadt war ja unser; und wenn ein Fremder sich nicht so betrug, wie es uns gefiel, dann wies ihn unsre Polizei aus. Wer kein Frankfurter Bürger war, das war ein Ausländer und konnte ohne allen und jeden Grund an jedem beliebigen Morgen, der an unseres Herrgotts Himmel kam, zum Thor hinaus gejagt werden, mochte er nun aus Rußland oder Spanien, oder aus Hessen-Darmstadt, Hessen-Homburg oder Hessen-Cassel sein. Deutsch oder Nicht-Deutsch, das war einerlei. Hier galt nur Frankfortisch oder Nicht-Frankfortisch. Alles Uebrige war Worscht (Wurst, = einerlei). Erinnern Sie sich noch, Herr Max, wie Sie mir damals auf der Gass' begegnet sind, wie Sie Ihre fünfhundert Gulden auf den Römer (Rathhaus) trugen und zu mir sagten: „„„Das ist doch

komisch, soll ich für die kurze Zeit, die ich hier bin, eine Kaution von
fünfhundert Gulden stellen, dafür, daß ich nicht der Stadtkasse und
der Armenunterstützung anheimfalle, ich, der ich weder Kind und
Kegel und dabei für meine Bedürfnisse ein schönes Vermögen habe;
und trotz der 500 Gulden Kaution behält sich die Frankfurter Polizei
außerdem noch das Recht vor, mich ganz nach Belieben auszuweisen,
oder gar auf den Schub zu setzen und mich als deutschen Ausländer
nach meiner bayerischen Heimath zurück zu dirigiren.'''' Damals
stimmte ich Ihnen bei und raisonnirte weidlich auf den hochweisen
Senat, der solche Albernheiten, die in die Gegenwart nicht mehr
paßten, nicht abstelle. Denn warum? Ich war nie ein serviler
Knochen, ich war immer für die Freiheit, und deßhalb hab' ich natürlich auch immer ein bös' Maul geführt. Aber du liebe Zeit, wie bin
ich nun bekehrt!. Leider sieht man sein Unrecht erst ein, wenn es zu
spät ist. Hatte denn nicht der Senat ganz recht mit dem Verlangen
nach Kaution und seinem Recht der Ausweisung? Gehörte nicht
Beides mit zu unseren berechtigten Eigenthümlichkeiten, zu unserem
städtischen „System", oder wie man das nennt? Nun, für Sie,
Herr Max, wäre die Kaution freilich nicht nöthig gewesen. Das
geb' ich zu. Aber man muß die Gesetze nach der Regel machen
und nicht nach den Ausnahmen. Und in der Regel ist doch Alles,
was zuzieht, Schund und Gesindel, und schmälert den Angesessenen
den Brocken, macht ihnen das Leben sauer durch unangenehme Konkurrenz. Deßhalb ist die äußerste Vorsicht am Platze; „„„Vorsicht ist
die Mutter vom Porzellan-Schrank""", sagen wir hier in Frankfurt;
und „„„Besser bewahrt, als beklagt""". Also läßt man doch besser
Einen zu viel Kaution stellen, als Einen zu wenig. Denn die Kaution
schadet ja der Stadt nie was; und was hat die Stadt nach einem
Fremden zu fragen? Der mag sehn, wo er hinkommt. Denn
natürlich unsre Stadt muß uns doch über Alles gehn. Frankfurt,
Frankfurt über Alles, über Alles in der Welt! Sehn Sie, das
dürfen Sie mir nicht übel nehmen; aber alleweil find' ich 's doch ganz
in der Ordnung, daß sogar Sie die Kaution auch haben stellen müssen.
Denn warum? In einer rechtschaffenen Republik muß Gleichheit vor
dem Gesetz sein. Wenn Sie auch vermögend waren, — ei, um so
leichter war Ihnen ja die Kautionsleistung; und Ordnung muß sein,
wenigstens gegen Fremde. Hab' ich eine Bürgerstochter, die zwanzig
Jahre älter war als ich, heirathen müssen, um herein gelassen zu

werden, so konnten Sie auch zur Kaution zu demselben Zwecke ange-
halten werden. Denn jeder gute Patriot ist verpflichtet, sein Opfer
auf den Altar des städtischen Vaterlandes niederzulegen. Ich will
meiner Seligen nichts Schlimmes nachsagen; ich habe schon gesagt:
sie war eine brave und tugendhafte Frau. Aber Das darf ich doch
sagen: Was das Opfer anlangt, so fragt sich's doch noch, welches
größer war: Das Heirathen der alten Bürgerstochter, oder das
Stellen der lumpigen Kaution. Haben Sie Ihr Geld nicht, wie Sie
wegzogen, bei Heller und Pfennig wieder kriegt? (Ich nickte.) Nu,
da sehn Sie! Was haben Sie denn verloren? Höchstens Ihre Zinsen.
Ihr Kapital haben Sie wieder bekommen. Ich hab' mein Jung-
gesellen-Stand nicht wieder kriegt. Denn ein Wittmann ist kein
Junggesell; und wenn er noch obendrein sechs lebendige Töchter hat,
dann nimmt ihn so doch nicht grade Jede. Und ich, ich wollt' doch
auch nicht grade Jede nehmen, die sich Einem an den Kopf schmeißt.
Sehn Sie, so bin ich denn Wittwer geblieben, obgleich ich dazumal
noch kein grau' Haar auf dem Kopfe hatte. Aber wovon wollt' ich
denn doch reden? Die Heiraths-Gedanken haben mir beinahe meinen
alten Kopf noch toll gemacht. Ja so, von dem Ausweisen und auf
den Schub setzen, wollt' ich sagen, daß das doch auch für die Stadt
und die Bürgerschaft recht gut war. Frankfurt ist ein' reich' Stadt.
Nu, was sag' ich? War ein' reich' Stadt, und sollte es bleiben.
So war es der Wille des Senats. Keinen fadenscheinigen Rock,
keinen lumpigen Kittel, kein dreckig gestrickt' Wollen-Kamisol, wollt'
der hohe Senat auf einer Frankfurter Gass' sehn. Was wolle Se?
Das war nun einmal seine Eigenheit. Und man soll Jedermann
seine berechtigte Eigenheiten und Eigenthümlichkeiten lassen, und folglich auch so einem Senat. Wer seine Kaution stellen konnte in baar
Geld oder in gutem städtischen Papier, wer hier von seinen Zinsen
leben, einen anständigen Rock und Cylinder tragen und sich dabei
hübsch ruhig verhalten und sich um Frankfurter bürgerliche Heimlich-
keiten nicht kümmern wollte, den ließ der Senat mit Vergnügen
herein. Wer aber kam mit leeren Händen, um uns Bürgern das
Brot vor dem Maul wegzuschnappen, den ließ er nicht herein. Nun
hat freilich auch eine reiche Stadt, und die erst recht, auswärtige
Hände nöthig, um sie als Bediente und Dienstmädchen, Ausläufer
und Portier, Packträger und Kommis, Zapf-Jungen und Kellner,
Ladenbuben und Lehrlinge und Gesellen, zu verwenden. Die muß

man also von auswärts hereinlassen; und weil so Volk in der Regel
kein Geld hat, so können sie auch keine Kaution stellen. Wollte man
von ihnen Kaution verlangen, dann kämen sie nicht; und da könnte
am Ende der Bierwirth selber den Zapfjungen machen; und das
schickt sich nicht für einen Frankforter Borger. Aber wenn man das
Volk all aus lauter Menschenfreundlichkeit und weil man sie am Ende
nicht entbehren kann, hereinläßt, so ist es doch damit allein nicht
gethan. Man muß sie doch auch, wenn's noth thut, wieder hinaus-
schaffen können. Denken Sie sich einmal eine Stadt von etwa
76,000 Einwohnern, wovon viel mehr als die Hälfte lauter Fremde
sind! Und setzen Sie einmal den Fall, die 39,000 Fremden würden
alle auf einmal krank, und wir 37,000 Einheimischen sollten sie durch-
schleppen, ihnen Kost und Logis, Arzt und Apotheker, Wartung und
Pflege stellen. Ei, das wär' mir ein schöner Spaß für uns Bürger.
Nein, so schöpfen wir doch nicht mit dem großen Löffel. So lange
die Fremden arbeiten können, haben wir sie gern herein gelassen in
unsere reiche Stadt, daß sie da ihr Geld verdienen; aber wenn sie
nicht mehr arbeiten wollen oder können, dann hat die Duldung natürlich ein Ende. Denn Jeder ist sich selbst der Nächste, und wir sind
nicht im Stande, all das hergelaufene Volk aus dem Nassauischen,
dem Badischen, dem Württembergischen, dem Bayerischen und dem
Hessischen, zu ernähren und auf unsere Kosten zu füttern und zu
curiren. Tritt der Fall ein, dann heißt's: „Du bist kein Frankforter
Borger; geh' hin, wo Du herkommen bist; marsch fort!" Und kommt
er trotz der Ausweisung wieder, dann giebt's Prügel; und dann
werden sie auf den Schub gesetzt und dann geht's fort mit ihnen in
aller Herrn Länder. Denn die Republik Frankfurt ist viel zu gut,
um den umliegenden kleinen Potentaten ihr hungerig und jungerig,
arm und nackt Volk zu füttern. Es ist schon genug, daß unsere
großen Bankhäuser den kleinen Fürsten das Geld vorschießen und ihr'
schlechte Papiere und Obligationen an den Mann bringen. Mehr
Opfer kann man von uns doch wahrhaftig nicht verlangen."

„„Nun, ich denke, Eure Bankhäuser thun das doch auch nicht
umsonst"" ", warf ich ein.

„Da sei Gott vor", rief er, „gehörig lassen sie sich's bezahlen!
Und warum denn auch nicht? Denn erstens: Wer heißt die Poten-
taten Schulden machen? Und zweitens wovon sollte denn sonst unsere
Stadt leben, wenn sie nicht die Börse und die Papierchens und die

Arbitrage und die Courtage und die Agiotage hätte? Und wie alle die andern Taschen dazu noch heißen mögen, wovon ich zwar all nichts verstehe, aber ich sehe doch, daß dadurch immerfort Geld in die Stadt geschafft wird und keins hinaus. Und wenn die kleinen Potentaten Schulden machen und Steuern erheben von ihren Unterthanen, warum sollten sie denn nicht auch unserer Republik etwas zukommen lassen? Ist nicht unser regierender Bürgermeister der Kollege und Konfrater von den deutschen Fürsten gewesen? Hat er nicht auf dem Fürsten-Kongreß im August 1863 mit ihnen an einem Tisch sitzen dürfen? Nu freilich, dazumal im August 1863 ist aus der Krönung zwar nichts geworden; es hat bei dem Ochsen, wie es in den stadtgerichtlichen Bescheiden heißt, „einfach sein Bewenden behalten müssen". Allein Jeder von uns Frankforter Borgern hat die Ehr' doch gefühlt bis in die große Zeh', daß unser Bürgermeister von dem Kaiser von Oesterreich und von dem König von Hannover (Gott segne ihn!), dem von Württemberg und dem von Sachsen behandelt worden ist, wie Ihresgleichen. Wir haben uns alle gefühlt, als wenn wir lauter kleine Hoheiten und Durchlauchten, lauter Prinzen und Prinzeßchen wären.

Und da soll noch einmal Einer kommen und nicht begreifen wollen, daß unsere Thränen fließen wegen der Einverleibung und des Verlustes unserer Selbstständigkeit und unserer glorreichen Jahrtausende alter Geschichte. O, wer das nicht einsieht, wer unseren Schmerz nicht begreift, wer ihn nicht theilt, der muß kein menschlich Gefühl in seiner Brust haben, und außerdem ist er ohne Zweifel auch e ganz dumm' Dos" — — — —

Diesen Satz hatte er mit Pathos gesprochen, mit erhobner Stimme, die Blicke gen Himmel gerichtet, oder vielmehr, um mich correct auszudrücken: gegen die mit Fliegen besäete Zimmerdecke der „Gifthütte" gegenüber dem Terke-Schuß (Türken-Schuß). Den Anfang des Satzes sprach er in jenem forcirten Hochdeutsch, dessen sich Herr Zwickauer im Kladderadatsch zu bedienen pflegt; also: Eunvörleubung, Schmörz, Göschüchte. Dann aber hatte er plötzlich einen Rückfall in das so reizend-gemüthliche Frankfortisch: „Dumm Dos" (dummes Aas). Ich mußte ihm laut in das Gesicht lachen. Er nahm das durchaus nicht übel.

„Wissen Sie, Herr Mag, das ist so ein gebräuchliches Wort bei uns. Das dürfen Sie weiter nicht übel nehmen."

„‚„O bei Leibe nicht. So wenig, wie Sie mir mein Lachen. Sie sehn ja, wie aufmerksam ich Ihnen zuhöre. Mir ist es ja grade darum zu thun, der Stimme des Volks zu lauschen!"‚"

„Nu, da könnten Sie bei keinem Menschen besser ankommen, als bei mir," sagte er sehr vergnügt. „Also wollen wir fortfahren. Ich denke aber zuvor bestellen wir uns noch Jeder einen zweiten Schoppen. Auf einem Bein ist nicht gut stehn. Also, Kellner, Jedem von uns noch ein Schöppchen Oppenheimer! Abgemacht!! Also woran waren wir denn?

Ja so, an dem Ausweisen. Wenn wir die Kerle, die Fremden nicht mehr brauchen konnten, dann setzten wir sie auf den Schub und schoben sie in ihre Heimath, den Einen nach Rüsselsheim im Darmstädter Land, den Andern nach Friedrichsdorf im Homburger Land, den Dritten nach Ilbenstadt im Darmstädter Land, den Vierten nach Oberhöchstadt im Nassauer Land, den Fünften nach Nauheim in Kurhessen, den Sechsten nach Dettingen in Bayern, den Siebenten nach Nusloch in Baden, den Achten nach Horb in Württemberg, — Jeden dahin, wo er her war. Jetzt sind wir preußisch und rund herum ist auch Alles Preußisch, und dann ist auch noch der Norddeutsche Bund. Und der Reichstag des Norddeutschen Bundes, oder wie wir ihn hier in Frankfurt nennen, „das falsche Parlament" — denn wenn's das ächte wär', müßt's doch in Frankfurt sitzen und nicht in dem Berlin, in dem Sandloch, wo's noch Eisbären giebt, wo die Zwetschken erst im dritten Jahre reif werden, und wo noch nicht einmal ein einfacher Lindenbaum gedeihen kann, — so erzählte wenigstens der Bruder Straubinger aus Bayern, wie der aus dem Zollparlament zurückkam — dieser Reichstag, dieser Wechselbalg, der uns untergeschoben worden ist, macht in einem fort Gesetze, welche vielleicht für die halb wilden, slavischen Länder jenseits der Elbe ganz gut sind, aber für einen solchen Sitz alter Kultur mit einer glorreichen Geschichte nicht passen. Lachen Sie nicht wieder über unsere glorreiche Geschichte. Ich sage Ihnen, der preußische Generalgouverneur selbst hat es öffentlich anerkannt, daß Frankfurt eine glorreiche Geschichte habe, und das hätte er doch ganz gewiß nicht gethan, wenn er nicht gemußt hätte. Da hat denn dieser Reichstag auch ein Gesetz fabrizirt, wonach wir Niemanden, der dem Bundesgebiet angehört, hier mehr ausweisen oder auf den Schub setzen sollen. Wie Jemand nur auf eine solche alberne Idee kommen kann, das ist mir ganz unbegreiflich. Wenn so ein

falsches Parlament nur das Gesetzemachen sein ließe; aber nein als
drauf los, unermüdlich wie eine Dampfmaschine, daß es Einem
ordentlich angst und bange wird. Der mecklenburgische Graf Bassewitz
hat's ihnen neulich aber auch einmal gehörig gegeben. „„„Meine
Herrn""", hat er zu dieser Gesellschaft von Raschmachern gesagt,
„„„arbeiten Sie doch nicht so schnell mit Ihrer Gesetzesfabrik; die
Leute können ja das Zeug gar nicht so geschwind lesen, wie Ihr es
macht!""" Das war ein wahres Wort. Sehn Sie, ich bin kein
Freund von den Mecklenburger Junkern. Denn warum? Ich war
mein Leben lang für die Freiheit und will als ächter Frankfurter
Republikaner leben und sterben. Aber diesmal hat der Junker Recht.
Und wenn der Teufel Recht hat, muß er Recht behalten. Und mir
sind alle die Junker und die Klerikalen, der Sepp und der Arco, der
Zu Rhein und der Varnbüler und wie sie Alle heißen, lieber als diese
Hurrah-Schreier, diese Erfolg-Anbeter, diese Gothaer, diese National-
liberalen, diese Lasker, Miquel, Twesten, Unruh, Bennigsen; die
Junker und die Klerikalen hätten in unserer Stadt hübsch. Alles beim
Alten gelassen, wie's von Ewigkeit her war. Aber diese National-
liberalen wollen gar nicht aufhören mit Paßfreiheit, Gewerbefreiheit,
Zugfreiheit, Verehelichungsfreiheit und wie alle diese häßlichen Dinge
mit den schönen freiheitlichen Namen lauten, die für unsere Stadt
nun einmal keinen Schuß Pulver werth sind.

Ich will nur e i n e Freiheit, nämlich daß ich Herr bin in meinem
eigenen Hause, d. h. in meiner Stadt und daß in derselben keine
Staatsregierung und keine Bundesregierung irgend was vorzuschreiben
hat, daß sie mir nicht gebieten darf, wen ich hereinlassen muß, und
nicht verbieten, wen ich hinausthun will. Ja, da hinten in Altpreußen, in dem Lande der Polacken und Letten, der Wenden und
Masuren, der Esthen und Lithauer, da mag's ganz einerlei sein, wer
zum Thor herein- und hinausgeht. Diese slavischen Nester haben
nicht einmal Thore; und da Armuth hüben und Armuth drüben
herrscht, so ist Alles ganz einerlei. In unserer reichen Stadt ist das
etwas ganz Anderes. Wenn man da Jedermann hereinläßt, dann
wird sich schnell das Wort der Bibel bewahrheiten: „„„Wo das Aas
ist, da sammeln sich die Raben""; und wenn nicht der Reichstag sein
albernes Gesetz zurücknimmt, oder Frankfurt wegen seiner höchst eigenthümlichen Verhältnisse davon dispensirt wird (wie dies von hier aus
beantragt werden soll), dann wird der Wohlstand Frankfurts alles

Gesindel aus ganz Norddeutschland anlocken und unser schönes Vaterland wird das Rütli, nicht der Freiheit, sondern der Strolche und
Stromer werden."

„„„Aber""", sagte ich, „„„warum habt Ihr denn in Frankfurt
die vielen schönen, neuen Häuser gebaut? Wenn Ihr Niemanden in
die Stadt hereinlassen wollt, dann werden sie ewig leer stehen!"""

„Na, das ist denn doch — nehmen Sie mir's nicht übel —
dumm' Geschwätz", fuhr er auf, „glauben Sie denn, wir sollten die
hergelaufenen Kerls in die Gesandtschafts- und sonstigen Paläste
ziehen lassen, die sie nicht bezahlen können? Nein, die sind gebaut
für den hohen Adel, für den durchlauchtigen Bundestag und die hohen
Gesandtschaften, die wir wieder bekommen, wenn der frühere Zustand
wieder hergestellt wird, wenn sie alle wieder kommen; den Senator
Bernus, sehen Sie, solche Leute wollen wir in unsere Stadt haben,
aber nicht Lumpen."

„„„Es fragt sich,""" sagte ich, „„„was man unter einem Lumpen
versteht. Ein armer Mann, der arbeiten kann und arbeiten will, ist
meiner Meinung nach mindestens eben so wenig ein Lump, wie der
Senator v. Bernus, der es nicht nöthig hat zu arbeiten. In aller
Welt besteht die Freizügigkeit und man befindet sich wohl dabei.
Wären wohl jemals Paris und London, Wien und Berlin so groß
geworden, wenn man von Jedem, der zuzog, eine hohe Kaution verlangt oder gar untersucht hätte, ob sein Rock fein genug und sein
Cylinder untadelhaft ist? Wenn eine Stadt wachsen und gedeihen
will, dann muß sie Alles nehmen, Groß und Klein, wie's der Hirte
zum Thor hinaustreibt. Denn es lebt Einer vom Andern. Die
Kleinen ziehen die Großen nach sich; und ein Mann, der kein Geld
hat, aber fleißig arbeitet, ist der Stadt nützlicher, als ein reicher, der
lumpt und sich und Andere durch Schlemmerei und Müßiggang ruinirt.
Was könnte nicht Alles aus Frankfurt werden, wenn es einmal mit seiner
engherzigen Kirchthurm-Politik definitiv brechen, wenn es sich nicht nur
körperlich, sondern auch geistig und freiwillig dem großen Staate, dem
es nun angehört, als vollwichtiges, dieser Stellung bewußtes Glied
einreihen wollte. Geldmetropole von Süddeutschland, wie es dies
schon ist, könnte es auch im Uebrigen dem Norden gegenüber vor allen
andern süd- und mitteldeutschen Städten dauernd den Vorrang behaupten. Erinnern Sie sich nur noch an das Flugblatt des volkswirthschaftlichen Vereins von Frankfurt, das wir im Mai 1860 er-

ließen. Sie hatten ja auch lebhaft dafür gewirkt und Tausende von
Exemplaren verbreitet. Darin hieß es ungefähr so: „„Eine Stadt
mit solchem Ruf für ihren Geschmack, mit einer so intelligenten Bevölkerung, mit solchem Reichthum, kurz, um wirthschaftlich zu sprechen:
mit solcher Fülle an geistigem und materiellem Kapital, zugleich der
Knoten- und Centralpunkt von fünf Eisenbahnen, an einer trefflichen
und frequenten Wasserstraße gelegen, die einige Meilen weiter unter-
halb in den Rheinstrom mündet, gerade an der Stelle, wo der Verkehr am lebhaftesten ist, das Ziel aller Touristen und Geschäftsreisen-
den, aller Spaziergänge und Weltfahrten, eine solche Stadt müßte,
wenn es mit richtigen Dingen zuginge, d. h. wenn man den Dingen
ihren natürlichen Lauf ließe, nothwendig in vielen Industrie- und
Handelsartikeln tonangebend sein und daher namentlich eine bedeutende
Ausfuhr gewerblicher Erzeugnisse haben. Statt dessen werden viel
mehr Industrie-Artikel ein- als ausgeführt und den Hauptnahrungs-
zweig bildet, abgesehn von Börse, Fremden-Verkehr, Bundestag und
Gesandtschaften, ein sehr bescheidener Zwischenhandel, der zwar durch
den Anschluß an den Zollverein (dem Frankfurt zu seinem schweren
Schaden und zum Ruin seiner Messe allzu lange widerstrebt hat)
einigen Aufschwung gewonnen, aber in neuester Zeit doch mehr zurück-
als vorwärtsgegangen ist."" Erinnern Sie sich? So schrieben wir
Anno Sechzig, Sie und ich und der ganze volkswirthschaftliche Verein,
in dem die ersten Demokraten saßen. Denken Sie doch einmal an
Ihr eigenes Geschäft, an den Bierschank. Früher, vor dem Anschluß
an den Zollverein, hatten ein Paar Brauer die ausschließliche Gerechtigkeit, und fremdes Bier durfte hier gar nicht verzapft und eingeführt
werden. Natürlich war das einheimische Gebräu damals schlecht, exportirt wurde gar nichts, und der Bierschank ging nicht; die Leute
wollten das Zeug nicht trinken und zogen den Aepfelwein vor. Da
kam der Anschluß an den Zollverein, von dem alle damaligen Frankfurter Braumeister und Monopolisten den Untergang der Welt im Allgemeinen und den der Frankfurter Bierbrauerei insbesondere prophe-
zeiten. Denn nach Vorschrift der Zollvereins-Gesetze konnte die Ein-
fuhr fremden Biers nicht gehindert werden; und da kamen sie nun
alle die fremden Biere, das Münchner, das Erlanger, das Kitzinger,
das Kulmbacher und wie sie alle hießen. Die Brauer verfluchten den
Zollverein bis in die siebente Hölle. Aber der Bierausschank gedieh.
Weil nun das Bier gut war, zogen es viele dem Aepfelwein vor.

Denn die Aepfel gedeihen ja auch nicht jedes Jahr. Das consumirende
Publikum befand sich wohl dabei. Aber auch die Brauer besannen
sich. Einige freilich, welche mit Gewalt auf dem alten Schlendrian
beharren wollten und ihre Lage nur dadurch zu verbessern gedachten,
daß sie jeden Tag hundertmal dem Preuß' und seinem Zollverein alle
Millionen-Schock-Schwerenoth an den Hals wünschten, gingen elendig-
lich zu Grunde. Aber Andere, welche sich bei Zeiten in die neue Lage
der Dinge zu schicken wußten, sich Dampfmaschinen anschafften, ihr
Geschäft reformirten und ausdehnten, haben treffliche Geschäfte gemacht, und das Frankfurter Bier kann sich jetzt neben dem Münchener,
ja sogar neben dem Pilsener, dem Schwechater und dem Wiener sehen
laffen. Es wird zwar jetzt hier viel Bier importirt, aber doch noch
mehr von hier exportirt — nach Paris, nach der Schweiz und wer
weiß wohin. Und die Bierwirthe haben schöne Geschäfte gemacht.
Ich kenne Einen, der mit nichts angefangen hat, als mit Redlichkeit
und Verstand, und der jetzt sein Schäfchen im Trocknen hat, und obgleich noch nicht einmal ein geborner Frankfurter, doch einer der ersten
und populärsten Bürger der Stadt ist."'"

Er schmunzelte und sagte: „Nun ja, mit dem Bier, das hat ja
wohl so seine Richtigkeit. Denn das Nämliche habe ich schon vor
dreißig Jahren gesagt, damals wollten mir's aber die Leute nicht
glauben. Heut zu Tage sieht's Jedermann ein. Aber was beweist
denn das Bier für die preußische Wirthschaft. Das erklären Sie mir
einmal!"

„„Nun, ich meine,"" entgegnete ich, „„daß es sich am Ende mit
der Einverleibung in Preußen **jetzt** gerade so verhält, wie **damals**
mit der Einverleibung in den Zollverein. Damals prophezeite auch
fast ganz Frankfurt von der Einverleibung in den Zollverein eben so
einstimmig den Untergang, wie jetzt von der Einverleibung in Preußen.
Damals irrte man sich. Bei dem Bier wenigstens war dies der Fall.
Das geben Sie ja selbst zu; und kein Mensch kann Das besser beurtheilen wie Sie. Ich hoffe, man wird sich auch jetzt irren und einer
bessern Zukunft entgegengehn, als man glaubt, wenn man sich von
den Vorurtheilen des Isolir-Systems lossagt, die sich leider in Frankfurt mehr als irgendwo augenblicklich festgesetzt haben, dadurch, daß
diese von Haus aus so glücklich situirte Stadt das Unglück hatte, der
Sitz des Bundestags zu werden, der Alles in eine Salzsäule erstarren
machte, was er berührte. Mir fällt da gerade die Reichs-Matrikel von

1471 ein, welche die Matrikular-Umlagen vertheilt, welche die einzelnen Reichs-Stände und Reichs-Städte je nach ihrem Reichthum und
ihrer Bevölkerung für die Türken-Kriege zu leisten hatten. Der
„Türken-Schuß", welchem gegenüber wir sitzen, erinnert mich daran.
Danach gehörte Frankfurt a. M. unter den 80 Reichsstädten zu den-
jenigen, welche die meisten Truppen zu stellen hatten. Eine Menge
Städte, die jetzt über ihm stehn, standen damals weit unter ihm, wie
z. B. Hamburg und Bremen, Breslau und Köln, von Berlin und
Wien gar nicht zu reden. Alle diese Städte haben Frankfurt weit
überflügelt. Während Berlin um viele Hunderttausende wuchs, ist
Frankfurt in demselben Zeitraum kaum um Zehntausend gewachsen.
Woher kommt Das? Seine natürlichen Voraussetzungen sind mindestens eben so günstig, wenn nicht noch günstiger, als die der übrigen
deutschen Städte, welche es so rasch und so weit überholt haben; und
Preußen kann für die Förderung des Verkehrwesens weit mehr leisten,
als die frühere Frankfurter Regierung, deren Gewalt nicht weiter
reichte, als ein Stündchen jenseits des Stadtthors. Frankfurt muß
gut preußisch und gut deutsch sein, es muß sich aus seiner weibischen
Mißstimmung herausreißen, es muß aufhören, selbst sich und seine
gegenwärtige Lage zu diskreditiren, wenn es groß werden will.'"

„Ja, mein lieber Herr Max," sagte der vormalige Besitzer der
Bierwirtschaft, „woher wissen Sie denn, daß Frankfurt groß werden
will? Was hätten wir denn davon, wenn wir statt 70,000 Seelen
deren 700,000 hätten, wie Berlin? Doch weiter nichts, als Proletariat, Arbeiter-Bewegung, Unruhe und Krakehl, erhöhete Mieth-
und Einkommensteuer neben der Mahl- und Schlachtsteuer. Nach
Alledem sind wir gar nicht begierig, und deßhalb wollen wir bleiben
wie wir sind. Wir machen keine Ansprüche gegen Euch und deßwegen
laßt Ihr auch uns in Ruh und Frieden; für unser Glück und unsere
Wohlfahrt wollen wir dann nachher selber schon sorgen. Wir wollen
von Euren nationalen Bestrebungen und von Eurer großen Politik
gar nichts wissen. Das Alles schmeckt uns viel zu sehr nach Krieg.
Am Liebsten hätten wir's wieder, wie früher, wo uns Kaiser und Reich
die Neutralität garantirt hatte. Wir hatten zwar schweres Geld dafür bezahlt, aber es war auch was werth. Wenn ein Kaiser und ein
Gegenkaiser oder gar mehrere Gegenkaiser neben einander im Reiche
waren und einander befehdeten, dann hatte Frankfurt das Recht, ruhig
seine Thore zu schließen und zu sagen: „Was geht Das mich an!",

und Keinen von den Streitenden hereinzulassen. Erst wenn der Kaiser unbehelligt von seinen Konkurrenten volle dreißig Tage vor unseren Thoren gelegen hatte, machten wir ihm auf unter der Bedingung, daß er wieder einmal auf's Neue unsere Meßrechte, unsere Freiheiten und unsere Privilegien bestätige. Neutralität! — weiter verlangen wir nichts. Das haben wir schon 1525 im Bauernkriege gezeigt. So steht's geschrieben im Raths-Protokoll vom 23. Mai 1525: „Als etzliche Schuhmacher bitten, ihnen zu erlauben, zum Bauern-Haufen zu ziehen, Beschluß, solches ihnen weder zu verbieten noch auch zu erlauben"*).

So wollen wir auch für die Zukunft bleiben. Kein Oesterreich, kein Preußen, ein einiges und wohlhabendes Frankfurt, das seine Mittel und Kräfte spart für ein freies und einiges Deutschland der allerentferntesten Zukunft, für ein Deutschland, das uns Macht und Wohlfahrt, Größe und Freiheit bringt dadurch, daß es Alles beim Alten läßt, für das wahre, große, ungetheilte Deutschland, das wir natürlich niemals erleben werden. Wenn Sie sich auf den Standpunkt stellen, wird Ihnen vielleicht unsere Taktik besser verständlich sein. Wir sind durchaus nicht so dumm, wie vielleicht Sie und Andere — glauben. Lassen Sie uns doch unsere trostlose Lage bejammern. Wem schadet es denn was, wenn wir sagen, es sei Alles verloren, und Frankfurt pfeife auf dem letzten Loch? Sie sagen, den Kredit verdürben wir uns dadurch? Ei, bei wem denn? Bei unseren Nachbarn borgen wir ohnedies nicht. Frankfurt allein hat mehr Kapital, als so ein Dutzend kleiner Fürstenthümer! Für den Kredit ist also gesorgt. Aber was glauben Sie erst, wenn wir einmal sagten, es fließe Milch und Honig bei uns, und Frankfurt schwämme in Ueberfluß? Was glauben Sie wohl, was sie dann angezogen kämen, diese hungrigen Nordländer, zahllos wie der Sand am Meer, und gefräßig wie die Heuschrecken in der Wüste! In einer Nacht hätten sie Halm und Blatt allüberall auf unserer fetten Weide abgefressen. Wir hätten das Nachsehn. Ja, dann wäre das Lamentiren zu spät. Man muß vor dem Gewitter läuten. Vorreden ersparen Nachreden. Wir müssen jetzt schon Steuern bezahlen, daß wir schwarz werden. Aber wie wär's erst geworden, wenn wir nicht bei Zeiten gar so beweglich geächzt und gekrächzt hätten. Die Hannoveraner z. B. hatten

---

*) Kriegk, Bürgerzwiste. S. 138. Not. 1.

mit ihrem Wohlstand dicke gethan.　Dafür bezahlen sie jetzt fünfzig
und drei Quart Prozent mehr als früher.　So geht's, wenn man sich
mausig macht.　Wir heulen jetzt, — dann brauchen wir nicht später
zu heulen.

Was thu' ich mit einem großen Geschäft, wenn's nichts einträgt?
Nein, ich halt's mit dem Küfermeister Eppelmeier, bei dem ich in der
Lehr' war.　„Klein und rein" muß das Geschäft sein, pflegte Der
zu sagen, und dabei recht einträglich; und dabei darf nicht auf jeder
Seite ein Hungerleider stehn, der einem die Brocken vor'm Maul wegschnappen, und hinter Einem noch ein halb Dutzend, die Einem die
Schlappen austreten wollen.　Und wär's denn gar so dumm, wenn
wir uns so ein wenig mehr, als nöthig ist, Kleinmännchens machten,
um uns die Steuern und die Konkurrenz, das Proletariat und die
Hungerleider vom Leibe zu halten und in unseren vier Pfählen wenigstens so lange noch Herr zu bleiben, als es äußerst geht?　Dafür
habt Ihr Herrn von der großen und hohen Politik freilich keinen
Sinn.　Ihr blickt in Sirius-Fernen, aber Ihr stolpert über den
Strohhalm, der vor Euren Füßen liegt.　Ich hoffe, Sie begreifen
jetzt so halb und halb, warum Frankfurt a. M. nicht „„groß""
werden will?"

Ich nickte.

„Wenn Ihr aber uns hättet „„groß"" machen wollen, —
nun, wir sind keine Spielverderber.　Auch dazu hätten wir uns bereit
finden lassen.　Aber nur unter Bedingungen.　Denn Fordern und
Bieten macht den Kauf.　Wir fangen also an zu fordern: Zuerst gebt
uns unser Parlament wieder.　Es gehört uns von Rechtswegen.
Denn so steht es in der „endgültig beschlossenen und verkündigten"
und troß Alledem und Alledem immer noch zu Recht bestehenden
Reichsverfassung von 1849, die wir im Nationalverein so oft bekräf-
tigt und beschworen haben; ich als guter Frankfurter Stadt-Patriot,
dessen hab' ich kein Hehl, vornehmlich aus dem Grund, weil ich
immer der Ueberzeugung war: Das Parlament muß nach Frankfurt,
mit dem Bundestag hält's doch nicht ewig; und deßhalb wollen wir
uns bei Zeiten des Parlaments versichern; und zu dem Zweck gehn
wir zum Nationalverein und erklären uns für die beschworene Reichsverfassung von Anno Neun und vierzig. — Wie wir noch an unserm
ersten Schoppen Orpenheimer waren, da fragte ich Sie schon: Glauben Sie, Das verschlüge uns nichts, ob das Parlament in Frankfurt

ist, oder nicht? Ich bin aber wieder davon abgekommen; ich weiß nicht, wie und wodurch. Was ich beim ersten Schoppen versäumt habe, das will ich nun beim zweiten nachholen. Sie haben vorhin schon bemerkt, ich hätte meinen Bier-Ausschank angefangen mit Redlichkeit und Verstand, aber ohne Kapital. Ueber das Erstere will ich natürlich aus Bescheidenheit nicht urtheilen, aber das Letztere ist wahr. Denn meine Alte hatte mir nichts zugebracht, als das Bürgerrecht; und ich selbst hatte erst recht nichts. Das Geschäft ging seit dem Anschluß an den Zollverein besser, das ist wahr. Aber seinen wahren Aufschwung bekam es erst mit dem Jahre 1848. Von dem Vorparlament an ist Einem das Geld förmlich zum Schornstein herein geschneit. Ich habe Ihnen während des Parlaments von 1848 und 1849 meine „zwanzigtausend Gulden rein" gemacht, so gut wie einen Kreuzer; und wenn man erst einmal einen solchen Anfang hat, dann geht's nachher im Galopp. Vor dem Jahr 1848 hat's in Frankfurt auch reiche, sehr reiche Leut' gegeben, aber wenig wohlhabende. Bis dahin war's die hohe Finanz und die großen Häuser, die das Geld scheffelweise von ihren Eltern geerbt haben. Aber seit Acht und vierzig ist bei uns der wohlhabende Mittelstand aufgekommen, und Alles, was da direkt oder indirekt lebt von Demjenigen, was aus dem Menschenleib aus- und eingeht, besonders aber die Bäcker, die Metzger, die Hotel- und die Schankwirthe und wer sonst noch für Ernährung und Plaisir sorgt, haben merkwürdig schöne Geschäfte gemacht. Die Parlamentsmitglieder selber haben es auch an Konsumtion nicht fehlen lassen. Aber das war doch nur Nebensach'. Die Hauptsach' war das Volk und die Fremden, die aus allen Ecken und Enden der Welt hier zusammenströmten. Haben die ein Geld verthan! Ich sage Ihnen, in dem Einem Jahre Acht und vierzig ist mehr Bier getrunken worden, als sonst in zwanzig. Wir haben von der Geschäftsstockung nichts gespürt. Mein Freund, der neben Ihnen sitzt, und der die besten Würstchen in der Stadt macht, konnte damals gar nicht genug schlachten. Alles fand in der Stadt Absatz. Jetzt lebt er vom Export, was bei dem Artikel freilich auch kein schlecht' Geschäft ist. Von so Etwas, sag' ich Ihnen, wird eine Stadt „groß", ohne daß sie nöthig hat, sich mit Fabriken die Luft zu verpesten und mit Proletariat die Straßen unsicher zu machen. Den Bundestag und die vielen fremden Gesandtschaften haben wir verloren. Schaffen Sie uns das Parlament, dann wollen auch wir groß werden!"

3 *

„„„Mit Vergnügen"""', sagte ich, „„„wenn ich nur könnte. Aber ich fürchte, ohne eine Contre-Revolution gegen die Ereignisse von Sechsundsechzig geht es nicht. Der Preis wäre aber zu theuer. Auch fürchte ich, man könnte sich bei einem solchen Unternehmen nur Schläge holen; und Sie selbst sagten ja, Sie seien für Neutralität und wünschten den Frieden. Und ich glaube, Sie haben recht. Was gehen Sie denn die Depossedirten an?""

„Nun, was Das anlangt, sind wir denn nicht selbst depossedirt, wir alle Dreißigtausend, wir Borger, die wir früher über Stadt und Umgegend geherrscht haben? Was aber die depossedirten Potentaten anlangt, so glauben Sie mir, ich kenne meine Mitbürger: Trotz allem Geschrei und Getob' fällt's Keinem von uns auch nur im Traume ein, für so Einen blos die Hand aufzuheben. Aber wenn man einen Vortheil von ihnen haben kann, warum soll man den zurückweisen? 's ist unser Schaden nicht, daß der Herzog Adolf sein Blebrich im Stich läßt und bei uns residirt. Wie ich höre, will er uns jetzt auch gar noch in Anerkennung unserer guten Gesinnung seine schönen Gewächshäuser so zu sagen zum Präsent machen. Könnten wir auch noch den König von Hannover und den Kurfürsten von Hessen in unsere Stadt hereinpersuadiren, warum sollten wir's nicht thun? Sie hätten's besser bei uns, als in Hietzing und in Prag; und uns wär's auch kein Schaden.

Hat uns doch Preußen die Provinzialsteuer-Direction und die Regierung nicht gegeben. Die eine hat es nach Cassel und die andere nach Wiesbaden gesetzt, wo man doch nur nationalliberal gewählt hat, während wir Demokraten in den Reichstag und in das Zollparlament doch höchst conservativ gewählt haben, einen Mann gewählt haben, den gleich darauf der König auch in sein Herrenhaus berufen hat. Nun, bei der Gelegenheit muß ich Ihnen einen Witz erzählen, der wirklich gut ist. Da begegnet der erste Comptoirist vom Bankhause M. A. Rothschild auf der Gass' dem Doctor R., der der Advocat des Bankhauses ist. „Nun, Herr Doctor", ruft er ihm schon aus der Ferne zu, „Sie können dem Baron Karl auch gratuliren!" Wozu? fragt der Doctor ganz neugierig. „Der Baron ist Mitglied vom preußischen Herrenhause geworden." Und dazu soll ich dem Baron gratuliren? lacht der Doctor, Gott behüte! Dazu kann sich das Herrenhaus gratuliren! Ist das nicht schön? Ist das nicht ganz ächt aufrichtig Frankfurter Nationalgefühl? Stolz will ich den

Spanier. Ja also, aber trotz alledem, trotz dem, daß wir Demokraten conservativer wählen, als irgend eine andere Stadt, — die Regierung haben sie uns genommen, die Steuer-Direction haben sie uns genommen, und ganz neuerdings auch noch die Direction der Main-Weser-Eisenbahn. Nur den Polizei-Präsidenten haben sie uns gelassen. Man sagt uns, die preußischen Beamten wollten nicht hierher, weil's hier zu theuer sei. Ei nun, dann mag man ihnen ordentliche Besoldungen geben, damit sie was können drauf gehen lassen, wie ehemals die Bundestags- und die sonstigen Gesandten. Wir haben gegen hohe Besoldungen gar nichts, wenn sie in unserer Stadt verzehrt werden. Hat ja doch unser Abgeordneter, Herr Kugler, in der Kammer sehr lebhaft f ü r d i e h o h e B e s o l d u n g des Polizeipräsidenten gesprochen!"

„„Jawohl"", sagte ich, „„und der andere Abgeordnete, Herr Ebner, ebenso lebhaft g e g e n d i e h o h e n S t e u e r n. Wie reimt sich Das zusammen?""

„Das braucht sich auch gar nicht zusammenzureimen", brummte er, „das ist einfach: Arbeitstheilung. Das sollte ein Mitglied des vormaligen Frankfurter volkswirthschaftlichen Vereins doch wissen. Wenn Preußen die Stimmung Frankfurts für sich gewinnen will, dann giebt es nur e i n Mittel. Als Republik hatten wir die Gesandtschaften. Sollen wir denn einmal die Republik mit der Monarchie vertauschen, was solchen Demokraten, wie wir nun einmal sind, jedenfalls ungeheuer schwer wird, so gebe man uns, wenn's denn doch mit dem Parlamente absolut einmal nicht geht, wenigstens eine volle Entschädigung für den Bundestag und für die fremden Gesandtschaften. Dann, aber auch nur dann, wollen wir auf die Republik verzichten. Man gebe uns einen Hof, nicht nur einen depossedirten, wie wir gegenwärtig den des Herzogs von Nassau haben, sondern einen wirklichen, lebendigen, wahren königlichen Hof. Das ist's; nicht mehr, nicht weniger."

„„Aber der König von Preußen kann ja doch nicht von Berlin nach Frankfurt übersiedeln, um dort erster Bürger der Stadt zu werden?""

„Nein, das verlangen wir auch nicht. Aber was wir verlangen, ist wenigstens ein preußischer Prinz, daß der für immer seine Residenz in Frankfurt nehme. Er wird Glanz und Luxus um sich verbreiten. Er wird andere hohe Herrschaften anziehen. Unsere Geldaristokratie

wird einen Erfaß für den Bundestag, die Maffe der Bevölkerung
wird etwas zu gaffen und der Bürgerstand wird wieder Gelegenheit
haben, Geld zu verdienen, wenn auch nicht so flott, wie Anno Achtundvierzig durch's Parlament."

„„Ja, aber was stellen Sie sich denn unter einem preußischen
Prinzen vor? Glauben Sie denn, das sei ein Mann, der nichts zu
thun habe, als mit einer Krone auf dem Kopfe und einem Hermelin
um die Schultern den ganzen Tag auf der Zeil herum zu lustwandeln
und Jedem, der ihm begegnet, einen doppelten Friedrichsd'or in die
Hand zu drücken? Meinen Sie denn, so ein preußischer Prinz habe
nichts zu thun? Der König ist bekanntlich der fleißigste Mann in
seinem Lande; und auch jedem Prinzen ist seine Arbeit zugemessen.
Der Prinz Friedrich Karl z. B. hat ein so voll gerüttelt Maß militä-
rischer Arbeit, daß er eine Wahl in das Parlament ausschlagen mußte.
Was Ihr Frankfurter Republikaner Euch doch sonderbare Vorstellungen von so einem preußischen Prinzen macht!"""

Der Frankfurter ließ sich nicht irre machen: „Frankfurt", sagte
er, „hat sein Leben lang Fürsten und Prinzen genug in seinen
Mauern weilen sehen, um einen richtigen Begriff davon zu bekommen.
Noch im August 1863 auf dem Fürstentag hatten wir sie ja alle beisammen; und der alte König Ludwig I. von Bayern hat noch, als er
das letzte Mal hier war, gesagt, wenn er nicht Anno Achtundvierzig
den dummen Streich gemacht hätte, abzudanken und wenn er statt
seines Sohnes Maximilian II. auf dem Fürstentage gewesen wäre, er
hätte es durchgesetzt, daß damals sofort Franz Joseph von Oesterreich
als deutscher Kaiser gekrönt worden und gleich in Frankfurt geblieben
wäre, um die Reichszügel von hier aus zu ergreifen. Weiter wollen wir ja
nichts. Die Republik haben wir verloren und dafür wollen wir nun
„en Ferscht" (einen Fürsten), aber einen aparten Fürsten für uns,
der in Frankfurt wohnt und hier viel, sehr viel Geld ausgiebt. Wir
hatten ja schon einmal einen. Das war der alte Fürst Primas, von
dem das schöne Lied gesungen wird. Es hat aber leider nicht lange
gedauert damit.

Und außerdem verlangen wir, daß das Appellationsgericht und
die Regierung von Wiesbaden und daß die Provinzialsteuerdirektion
und die Main-Weser-Bahn-Direktion von Cassel (den Trabert können
sie meinetwegen dort behalten) hierher verlegt, und daß hier, als an
einem berühmten Sitze alter Kultur und hoher Geschmacksbildung eine

Univerſität oder wenigſtens eine alle Fächer in ſich begreifende poly-
techniſche Schule errichtet werde. Endlich, und das iſt die Hauptſache,
verlangen wir, daß nachdem uns die Kriegskontribution erlaſſen worden iſt, daß nun auch eine gerechte Abfindung hinſichtlich der Finanzen
ſtattfinde, d. h. daß wir bezüglich der Schulden als Staat und bezüglich des Vermögens als Stadt behandelt werden.''

„„Wie ſo?''''

„Nun, das iſt ja doch ganz klar und einfach. Die Schulden
hat der Staat Frankfurt gemacht. Denn die Staaten machen ja
doch bekanntlich alle Schulden. Den unſrigen hat zwar ſein Militär-
Budget nicht gedrückt; aber wenn's denn doch einmal Alle thun, warum
ſollte nicht auch der Staat Frankfurt Schulden machen? War er doch
ein Staat ſo ſouverain, wie irgend einer in Europa. Alſo, unſere
Schulden, die gehören dem Staate Frankfurt; da aber der Staat
Frankfurt aufgehört hat, zu exiſtiren, und der preußiſche Staat ſein
Rechtsnachfolger iſt, ſo verſteht ſich es von ſelbſt, daß der letztere alle
unſere Schulden übernehmen muß. Denn warum? ſag' ich. Er hat
uns gefreſſen, ſag' ich, und wer uns frißt, der muß uns auch mit
Haut und Haaren freſſen. Iſt das nicht klar?''

„„Sehr klar!''''

„Ja, aber ganz anders verhält es ſich mit dem Vermögen. Denn
das hatten wir ſchon lange vorher, ehe wir der Sitz des Bundestags
wurden und in Folge deſſen die bevorzugte Stellung eines Souverains
erhielten. Das hatten wir ſchon, als wir noch unter Kaiſer und
Reich ſtanden und eine Stadt waren, wie jede andere auch. Dieſes
Vermögen iſt alſo älter, als der ſouveraine Staat; und folglich
hat es mit dieſem gar nichts zu ſchaffen. Es gehört der Stadt,
und die muß es behalten.

Die Auseinanderſetzung muß alſo in der Art erfolgen: Uns
das Vermögen, dem Preuß' die Schulden.

Das iſt ſo ungefähr das, was wir wollen, natürlich Rechen-
fehler und Irrthümer vorbehalten; und vielleicht kommen wir auch
noch mit der oder jener Kleinigkeit nach, die uns ſpäter noch einfällt.
Das verſteht ſich von ſelbſt.

Und ehe und bevor wir nicht das Alles erreicht haben, das
ſchwör' ich, wie Hannibal den Römern — oder hat er's den Kartha-

gern geschworen? nun, ich weiß 's nicht; 's ist auch ganz einerlei —
eher geben wir uns nicht zur Ruhe. Unsere Stimmung wird täglich
verstimmter. Sie überträgt sich nach Wiesbaden, Cassel und Hannover. Spottet unsrer nicht; unser Senator Bernus, der so schön
französisch schreibt, lebt noch. Wir tragen unsere Klagen überall hin,
nach Paris und nach London, nach Prag und nach Hietzing, nach
St. Petersburg und Florenz, vor Allem aber auf das Wiener
Schützenfest. Da geben Sie einmal acht, was es da giebt. Da
werden dem Preuß' die Ohren sausen und der Kopf brummen. Will
der Preuß' Frieden; — er kann ihn haben. Den Preis hab' ich
Ihnen gesagt. Will er Krieg; er soll sehen, mit wem er es zu thun
hat. In dem Zipfel unserer baumwollenen Toga liegt Beides beisammen. Hat der Preuß' mit Frankfurt Krieg, dann hat er mit
aller Welt Krieg. Hat er mit Frankfurt Frieden, dann hat er mit
aller Welt Frieden. Frankfurt macht heute noch die politische Stimmung in Deutschland, wie es sie Anno sechsundsechzig gemacht hat.
Frankfurt ist der Sitz der Seele im deutschen Körper. Preußen hat
nur den Körper. Die Seele kann es nur bei uns finden."

*   *   *

Bis zu dieser Stelle bleibt die Unterhaltung auf ebener Erde.
Den Rest habe ich unterdrückt, weil er einen gar zu kühnen Flug
nimmt. Daran war ohne Zweifel der Oppenheimer Wein schuld.
Denn gallisirter Wein hat berauschende Wirkungen, nicht nur auf
Körper und Geist, sondern auch auf die Seele, und sogar auf die
deutsche Welt=Seele in Frankfurt. Freilich folgt der Katzenjammer
nach, wie bei dem Schützenfest.

Bei dem letzteren hat Dr. Siegmund Müller das Land Preußen
und den norddeutschen Staat verklagt vor dem Tribunal von Wien
und von Oesterreich. Die Schützenbrüder haben ihm Beifall zuge-
jauchzt, wie es nun einmal Sitte ist. Aber am andern Tag hat ihm
die Großstadt Wien und das Kaiserreich Oesterreich gesagt: Schauen's
lieber Müller, Ihr thut uns recht leid, aber für den Augenblick haben
wir bei uns alle Hände voll zu thun und können uns um solche
Kleinigkeiten draußen im Reiche nicht kümmern. Ihr seid a recht
nettes deutsches Städterl, wir wollen auch als einmal an Euch denken.
Aber Euret wegen mit dem Preuß wieder anfangen zu raufen, auch

wenn uns kein Anderer hilft, — schaun's Müllerchen, — da suchen's Eich 'nen andern Troddel aus, den 's so frohzeln können, da muß i schön bittn,

> „— das thut's halt, das thut's halt,
> Das thut's halt nimmermehr!"

Drittes Kapitel.

Von Frankfurt's Macht und Größe.

Motto:
„Olim truncus eram".
Horatii Satir. lib. I. sat. VIII.

Wenn Frankfurt a. M. als preußische Stadt mit den anderen preußischen Städten in Reih und Glied tritt, um in Gemeinschaft mit diesen für Selbstständigkeit auf dem Gebiete der städtischen Kommunalverwaltung einzustehen; um eine neue gemeinsame Gesetz= gebung herbeizuführen, durch welche die Städte sicher gestellt werden gegen die Bevormundung und Leitung, welche gegenwärtig noch der Staatsverwaltung, namentlich dem Ministerium des Innern, dem des Kultus, den Regierungen und den Polizeipräsidenten selbst in rein städtischen Angelegenheiten nach dem Gesetze gestattet ist; um Uebergriffe abzuwehren, um zu erzielen, daß die veraltete Organisation der Kreis= und Provinzialverwaltung durch eine freiere und beweg= lichere, den Bedürfnissen der Gegenwart entsprechendere ersetzt werde; so wird der Zutritt eines so bedeutenden Bundesgenossen höchst will= kommen und dem gemeinsamen Werke förderlich sein.

Wenn aber Frankfurt a. M. eine jede solche Gemeinschaft zu= rückweist; wenn es sich in partikularistischer Verblendung und Selbst= überhebung, wie man sie bisher nur bei einigen Depossedirten gekannt hat, für besser hält, als alle übrigen preußischen Städte; wenn es sich isolirt von der Nation und dem modernen deutschen Staat, indem es für eine bloße Gemeinde eine Stellung und Berechtigung in An= spruch nimmt, welche unvereinbar ist mit dem heutigen Begriff der

Staatsgewalt und den Interessen der Nation; wenn es ewig in die österreichisch-bundestägliche Vergangenheit zurückblickt und die deutsche Zukunft repudiirt: so darf es sich darüber nicht wundern, daß die Sympathien, die ihm die preußischen Städte und der preußische Landtag so lebhaft entgegentrugen, mit der Zeit etwas lauer werden. Auch dürfte Frankfurt, das in demselben Augenblicke, wo sein Vertreter auf dem Schützenfest Preußen bei Oesterreich verklagt, und wo man in Wien Frankfurter Gedichte und Flugblätter ausstreut, die besser der Stimmung und Situation des Juni 1866, als der des August 1868 entsprechen, Loyalitäts-Deputationen nach Bad-Ems an den König schickt, sich daran zu erinnern haben, daß in Preußen außer der Regierung noch ein Factor der Gesetzgebung existirt, welchen man den „Landtag" nennt.

Soll ich die Differenz in der Auffassung des Berufs einer Deutschen Stadt, wie sie gegenwärtig zwischen Frankfurt a. M. und den übrigen preußischen Städten existirt, kurz charakterisiren, dann sage ich: letztere stehen auf dem Standpunkte des neunzehnten, Frankfurt aber steht noch auf dem des zwölften oder dreizehnten Jahrhunderts.

Der Bürger einer deutschen Stadt des zwölften Jahrhunderts würde mit Erstaunen unsere heutigen Städte sehen. Er würde vor Allem fragen: Wo sind die Stadtmauern, wo ist Graben und Wall, wo Festungsthürme und Zugbrücken, wo ist die Stadtmiliz? Wer vertheidigt die Stadt gegen den äußern Feind?

Und wenn man ihm antwortete: „der Staat", so würde er noch mehr staunen. Denn von dem heutigen Staat, der nach Außen für die Unabhängigkeit der Nation und im Innern für den Rechtsschutz der bürgerlichen Gesellschaft sorgt, weiß der Mann des zwölften Jahrhunderts nichts. Er kennt zwar außerhalb der Stadt politische Gewalten und Herrschaften. Aber weit entfernt, die Stadt zu schützen, waren sie damals derselben feindselig. Grade um ihretwegen hat die Stadt ihre Miliz und ihre Festungswerke nöthig.

Der Stadt-Patrizier des zwölften Jahrhunderts würde es für eine haarsträubend-widersinnige Sache halten, daß außer der Stadt eine dritte auswärtige Gewalt existirt, welche auch für die Stadt Gesetze erläßt, ja sogar Steuern in derselben hebt und die jungen Männer der Stadt zu Soldaten macht und sie in den Krieg sendet. Der Mann von damals hat ein Recht, darob zu erstaunen. Denn während

der sechshundert Jahre, die seit seinem Erdenwallen verflossen, hat
der moderne Staat, der damals noch nicht bestand, erst Existenz
gewonnen und diese Existenz dazu benutzt, die Ritter, welche die kauf-
männischen Karavanen der Städte warfen und beraubten, entweder
zu civilisiren oder auszurotten, die übrigen weltlichen und geistlichen
Territorialgewalten im Interesse der Städte zu paralysiren oder un-
schädlich zu machen, den Bürgern der Stadt den Frieden und den
Rechtsschutz, den sie damals nur innerhalb ihrer Stadtmauern, und
auch da nur um einen verhältnißmäßig sehr theueren Preis, genossen,
zu gewähren, zunächst für das ganze Gebiet des Staats (eines Staats,
der anstatt der 1½ Quadratmeilen und der 50,000 Einwohner der
Stadt, ein Gebiet von 7,000 Quadratmeilen und eine Bevölkerung
von 25 Millionen nachweist), sodann für ganz Europa, dessen Länder
ihre internationalen Beziehungen durch die Staatsgewalten regeln,
und endlich für die ganze civilisirte Welt, die dem Beispiele der europäischen Staaten nachfolgt. Der Mann des zwölften Jahrhunderts
weiß es freilich nicht, daß es der Staat ist, der der Stadt die sie zu
Boden drückende Last der städtischen Festung und des städtischen Heers
abgenommen, der den Bürger seinem Geschäfte wiedergegeben, der die
Häuser aus der Bastille erlöst und ihnen zu Luft und Licht verholfen,
der den unterbundenen Verkehr zwischen Stadt und Stadt und zwischen
Stadt und Land entfesselt und befreit hat. Der Mann des zwölften
Jahrhunderts weiß es nicht, daß der moderne Staat, indem er ein
allgemeines gleiches bürgerliches wirthschaftliches und soziales Recht
für sein ganzes Gebiet, mitinbegriffen die Stadt, einführte, dem
Krieg Aller gegen Alle ein Ende machte, die Stadt aus ihrer Isolirung erlöste, die Stadtbürger zu Menschen und zu Staatsbürgern
erhob und ihrer produktiven Thätigkeit das ganze Gebiet, auf dem
er wirthschaftliche Einheit und Freiheit hergestellt, öffnete, damit sie
hier ihren Wohlstand erwarben. Er weiß es nicht, daß grade dadurch, daß der Staat Stadt mit Stadt verknüpfte und gleichstellte,
er den bis dahin isolirten dritten Stand vereinigte und constituirte,
daß er dadurch die Losung gab zur Emanzipation des Bürgerthums,
zur Befreiung des dritten Standes, der von da an den wichtigsten
Faktor der Nation bildet, ja von dem Sieyès behauptet, er sei die
Nation ("Le Tiers-état est tout!").

Die Stadt des zwölften Jahrhunderts hatte die Wahl gegenüber der politischen Gewalt des Landes, entweder Krieg zu führen,

oder sich zu unterwerfen; der damalige Staat (wenn man diesen
Ausdruck überhaupt für diese Zeit und für die damalige politische
Herrschaft schon anwenden darf) kennt keinen Bürgerstand; die Bürger
haben keinen Antheil an den Geschäften des Staats; ihr Wille kommt
nicht in Betracht; und wenn wir nachforschen, wie denn die Bürger
selbst darüber reden und denken, wie sie ihr Verhältniß zur obersten
politischen Gewalt des Landes auffassen, so finden wir bei ihnen die
Sprache schüchternster Unterwürfigkeit; und ihre ehemaligen Herren,
von welchen sie sich halbwegs emanzipirt haben, sprechen zu ihnen mit
einer verächtlichen Geringschätzung und mit einem schnöden Stolze,
worüber wir heut zu Tage erstaunen, worüber aber damals die Bürger
sich weder gewundert noch geärgert zu haben scheinen.

Aber in ihrer Stadt waren damals die Bürger (oder der Stand
derselben, welcher sich Antheil an der Gewalt erkämpft hatte), souve-
rain.   Die Stadt ernannte damals Magistrate und Richter, war im
alleinigen Besitze der gesetzgebenden und der vollziehenden Gewalt im
Innern, schloß Verträge mit auswärtigen Mächten, war oberster
Kriegsherr und disponirte über ihren Krieg und ihren Frieden.   Da
aber der Kreis, in welchen die Bevölkerung eingeschlossen wurde, ein
allzu enger, und da die Interessen collidirende waren, so war
die innere Geschichte der Städte damals ausgefüllt mit endlosen
Zwisten, Streitigkeiten, Prozessen, Fehden und Aufständen; und jenseits der Stadtmauer war der Bürger vogelfrei.

Die moderne Stadt dagegen lebt in und mit dem Ganzen.
Ihre Bürger gehören nicht bloß der Stadt, sondern in erster Linie
der Nation an.   Um an dieses Ziel zu gelangen, mußte die Stadt
zu Gunsten der Staatsgewalt auf die Gesetzgebung, auf die oberste
Executiv-Gewalt und auf das oberste Richteramt verzichten; sie hörte
auf oberster Kriegsherr zu sein.   Aber dafür emanzipirte sich das
Bürgerthum von Geistlichkeit und Adel. Dafür trat der dritte Stand
ebenbürtig neben den ersten und zweiten.   Dafür gelangten die Vertreter der Stadt in den Rath der Nation und nahmen Theil an der
Leitung der Geschicke des Staates.   Dafür erlangte die Stadt durch
den Staat die Vortheile, die ich oben geschildert habe.

Allerdings hat der absolutistische Staat, welcher überhaupt die
Existenz einer neben und außer ihm bestehenden bürgerlichen Gesellschaft nicht anerkannte, bei der Regelung der Grenze zwischen sich und
der Stadt sich sehr weit gehende Uebergriffe in das Gebiet der letzteren

erlaubt; und es ist Aufgabe der Gegenwart, diese Grenze richtig zu ziehen und der Gemeinde den vollen Umfang ihrer innern Autonomie zu revindiziren.

Dieses vollkommen berechtigte Bestreben wird aber sicherlich dann erfolglos sein, wenn eine einzelne Gemeinde, mag sie auch eine so ansehnliche Stadt wie Frankfurt a. M. sein, sich dabei von allen übrigen Städten des Landes separirt und nur ihr Sonderinteresse verfolgen zu wollen erklärt; wenn sie sich auf den Standpunkt des zwölften Jahrhunderts zurückversetzt, den Begriff des Staats negirt und die Staatsgewalt als Feind und Widersacher behandelt, während sie doch gleichzeitig allstündlich an den Segnungen des modernen Staats im vollsten Umfange theilnimmt, ja sogar stürmisch begehrt, mit denselben vorzugweise und mehr als alle ihre andern Schwestern, bedacht zu werden.

Vor hundert Jahren wimmelte es in Deutschland von Reichsstädten.

Neben Frankfurt saßen damals als gleichberechtigt auf der rheinischen Bank des reichsstädtischen Kollegiums noch: Köln, Aachen, Lübeck, Worms, Speier, Goslar, Bremen, Mühlhausen, Nordhausen, Dortmund, Friedberg, Wetzlar und Hamburg.

Auf der zweiten Bank, der schwäbischen, saßen: Regensburg, Augsburg, Nürnberg, Ulm, Eßlingen, Reutlingen, Nördlingen, Rothenburg ob der Tauber, Schwäbisch Hall, Rothweil, Ueberlingen, Heilbronn, Schwäbisch Gemünd, Memmingen, Lindau, Dünkelsbühl, Biberach, Ravensburg, Schweinfurt, Kempten, Windsheim, Kaufbeuern, Weil, Wangen, Isny, Pfullendorf, Offenburg, Leutkirch, Wimpfen, Weißenburg, Glengen, Gengenbach, Zeil, Buchhorn, Aalen, Buchau und Popfingen.

Alle sind sie dem unvermeidlichen Schicksal erlegen. Alle haben sie ihre Souverainetät eingebüßt. Selbst Hamburg und Bremen, — auf deutschem Boden nur Stadtgemeinden, aber vermöge ihres Handels und ihrer Marine Herrn der Meere —, haben zu Gunsten des norddeutschen Bundes, dem sie die Vertretung nach Außen, die Militärhoheit und die oberste Gesetzgebung abtraten, auf ihre Souverainetät verzichtet, freiwillig verzichtet, ohne Schmerzensschrei, ja ohne Seufzer. Sie huldigen dem König Wilhelm als Schirmherrn, sie weihen der gemeinsamen nationalen Sache eine rückhaltlose Unterstützung und erfreuen sich dafür eines wohlverdienten Ansehens.

Nur Frankfurt, nur es allein von den fünfzig und einigen Reichsstädten, welche vor hundert Jahren noch die Reichsstandschaft besaßen, will zwar was seine Rechte anlangt, den Standpunkt des neunzehnten Jahrhunderts theilen, aber was die Rechte des Staats und seine Pflichten anlangt, will es hinter das zwölfte Jahrhundert zurück. Es kann immer noch nicht der Reminiscenzen des Bundestags sich entschlagen, der ihm eine Selbstüberhebung eingehaucht hat, von der nie eine der andern Städte besessen war.

Frankfurt klagt immer noch darüber, daß sein Schicksal nicht ein anderes, vor allen Uebrigen bevorzugtes sei.

Es verklagt uns bei Oesterreich und Frankreich — bei dem ersteren durch Dr. S. Müller, bei dem letzteren durch den Senator Bernus —, während doch diese beiden Mächte bei der Mediatisirung der oben genannten Reichsstädte eifriger mitgewirkt haben, als irgend Jemand Anderes. Warum aber verlangt nicht Senator Bernus von Frankreich, daß es die freie Reichsstadt Straßburg, warum verlangt nicht Dr. Müller von Oesterreich, daß es die freie Reichsstadt Krakau wiederherstelle, namentlich da erstere nicht französisch, sondern deutsch, und da letztere nicht österreichisch, sondern polnisch ist?

Frankfurt verklagt uns bei den deutschen Südstaaten, die sich doch alle, ein Jeder eine gehörige Portion der vor hundert Jahren noch mit Reichsstandschaft begabten Städte angeeignet haben, und zwar auf Grund von angeblichen Rechtstiteln, im Vergleich mit welchen das Recht der Eroberung ein titulus omni exceptione major ist.

Es verklagt uns bei der süddeutschen Volkspartei. Ei, nun wohlan, warum geht uns die süddeutsche Volkspartei denn nicht mit gutem Beispiel voran? Sie hat ja so großen Einfluß auf die württembergische Regierung, mit der sie seit den Zollparlaments-Wahlen zu populären Zwecken auf's Engste liirt ist. Warum veranlaßt die süddeutsche Volkspartei nicht die Württembergische Regierung, die freien Reichsstädte Reutlingen, Isny, Biberach und Ravensburg wiederherzustellen?

Warum rehabilitirt Karl Mayer nicht Bopfingen und Zopfingen in den Zustand ihrer pleine souveraineté? Warum nicht Moritz Mohl die gute deutsche freie Reichsstadt Aalen, die uns die Ehre verschafft hat, mit ihm im Zollparlament zu sitzen?

Gewiß werden uns Männer wie Karl Mayer und Moritz Mohl

nicht mit dem fadenscheinigen und landläufigen Einwand kommen, das sei schon zu lange her. Denn wir haben oft genug aus ihrem beredten Munde gehört, daß „hundert Jahre Unrecht noch keine Minute Recht mache".

Wenn diese hervorragenden Führer der süddeutschen Volkspartei Bopfingen und Aalen nicht restauriren, so haben sie ohne Zweifel weit triftigere Gründe dafür, vor Allem den, daß selbst der gewaltigste Mann außer Stande ist, das Rad der Weltgeschichte rückwärts zu drehen und uns aus dem achtzehnten in das zwölfte Jahrhundert der deutschen Historie zurückzuversetzen.

Wenn sie aber diese Wahrheit gelten lassen für Bopfingen und Aalen, welche an Württemberg gefallen, dann werden zwei Männer, welche Rechtsgleichheit ohne Ansehn der Person zu ihrem Wahlspruch gemacht haben, sie nicht leugnen für Frankfurt, das an Preußen gefallen. Sie werden mit uns bestrebt sein, Frankfurt zu trösten; und wir Preußen dürfen in dieser Hinsicht ohne Zweifel mit Sicherheit auf Karl Mayer und das nächste allgemeine Schützenfest rechnen.

Um aber dem geneigten Leser einen Begriff von der nicht erst seit 1866, sondern schon seit lange in Frankfurt herrschenden Stimmung zu geben, reproduzire ich hier in einer dem Hochdeutschen etwas mehr genäherten Version die Humoreske eines höchst talentvollen frankfurter Dialekt- und Lokaldichters, Friedrich Stolze, der 1866 in Frankfurt die „Latern'" und noch früher die „Krebbel-Zeitung" herausgab. Dies hier steht in der „Krebbel-Zeitung" vom 1. Mai 1861, und lautet so:

Von Frankfurts Macht und Größe.

Wenn irgend Einer große Stücke auf seine Frankforter Vaterstadt gehalten hat, dann ist es mein Großvatter gewesen. Der hat Euch en Begriff von der Größ un der Macht un der Gewalt von der freie Stadt Frankfort gehatt, wie Dir's in alle Geographie-Bücher zusamme nit vorkommt; und wenn der Humboldt's Kosmos hätt' zu schreibe gehatt, der hätt' Euch mir nix dir nix das ganz Weltall nach Frankfort in die Dippe-Gaß odder in das Gaase-Gässi (Topf-Straße und Ziegen-Gäßchen) verlegt und als Motto auf den Buchdeckel geschriebe:

,, ,,Um Erden seh ich stille Monden tanzen;
Die Erden winden sich um Sonnen hin;
Der Pathorn (Pfarrthurm) aber steht im großen Ganzen,
In dessen Schimmer alle Welten glühn.'' ''

Un daß er nit behaupt't hat, die Frankforter hätte Flügel, die
merr (man) nur nit sehn thät, weil se de Rock drüber anziehe thäte,
— das war Alles.

Die frankforter Bolizei und der leibhaftig Deivel (Teufel) —
e frankforter Rathsherr un e Herrgott — der Borjermeister und der
terkisch Sultan — habe bei ihm in gleichem Ansehn gestanne. Und
wenn er als hat auf dem Römer (Rathhaus) zu thu' gehabt, hat er
schon am steinern' Haus auf'm Markt die Schuh' abgekraht. Ueber
sei' schö(n) und theier frankforter Muttersprach' is em (ihm) aber gar
nix gange (gegangen), un von den Waldecker un Hannoveraner hat
er behaapt (behauptet), die thäte die Sprach' verderbe un weern kaa
(keine) ächte Deutsche nett (nicht). Und wenn er uns Kinner (Kindern)
von dene Kaiserkrönunge un Uffzüg', von dene große Scheibenschieße
un Schlittefahrte, vom Ferscht (Fürsten) Primas und dem Einzug
der Alliirte, vom Hals=Eisen un vom Rawenstaa (Rabenstein), von
de Konstabler un de Bettelvögt', von de Geleitsreiter un de Fähnrichs=
mahlzeite, vom Ketten=Esel un vom Muh=Kalb (zwei spezifisch frank=
furter Straßen Gespenster) verzählt hat, des Nachts auf der Gass' dene
Leut' uff de Buckel (Rücken) gesprunge is, da habe merr (wir) da
gesotze (gesessen) und habe Maul un Nas' uffgesperrt. Un von all
dene Geschichte un weise Lehre kimmts (kommt es) aach her, daß ich
so e gelunge Frankforter Kind warn (geworden) bin un Leib un Lebe
uff mei Batterstadt halte, un im Frankforter Daitsch (Deutsch) merr
(mir) en unsterbliche Lorbeer=Kranz von Redens=Arte, die merr (man)
nur außerhalb (auswärts, d. h. außer in Frankfurt a. M.) nit versteh'
thut, um's Haupt gewunde hab'.

Aber mei Großvatter hat's bei uns Kinner (Kindern) nitt bei'm
bloße Verzähle bewenne (bewenden) lasse. Er hat uns aach so zu
sage mit der Nas' uff die Grehß (Größe) un de Glanz von unserer
Batterstadt druffgestumpt. Ich mein', es wär' erscht gestern gewese, so
gut duh (thu') ich mich's erinnern, wie ich emal uff en scheene (schönen)
Mittag im Sommer mei blau un weiß gestreifte Hösercher (Bein=
kleidchen) ankriegt hab' wo die Hose un's Kamisölche in Einem war'n
un die Hose hinne (hinten) mit baanerne (beinerne) Knepp (Knöpfe)

bis ganz hinunner zugeknöppt gewese sin(d) un wie ich den Hemden-
krage hab' erausgelegt kriegt un en' roth saffiane Kapp' (Mütze) auf.
Ich war damals e Biebche (Bübchen = Junge) von e Jahrer fünf
un noch nit weiter komme, als um die Dohre (Thore) herum.
Diesmal aber is es weiter gange; denn mei Groß=Vatter hat zu
merr (mir) gesagt: Fritzi (Fritzchen), heut' wolle merr aber emal en-
weite Spaziergang mache bis uff die Sachsenhäuser Waart (Warte);
kannst De denn aach so weit laafe? „Inja" (Jawohl) hab' ich gesagt.

(Nun folgt eine lange Beschreibung der Pilgerfahrt durch das
Innere der Stadt, verziert mit vortrefflichen Lokalwitzen, die ich weg-
lasse, weil man sie auswärts nicht versteht. Der feierliche Umzug
führt sie endlich durch's Fahrthor un's Holz=Pörtge — Pförtchen —
bis an de Maa d. i. Main. Dann heißt es weiter:)

„Da war Euch a Lebe an dem Wasser; un so viel Schiff' warn
da; un habe Euch die Ufer so voll Balle(n) un Fässer un Kiste gelege,
un war Euch e Fahr'n, daß merr (man) kaum dorchgekennt hat.
Denn das Ufer war dazumal noch schmäler. Jetz is es viel braater
(breiter). Un mei Großvatter hat Derr (Dir) ganz stolz mit sei'm
Kopp genickt un hat zu merr (mir) gesagt: Guck emal, Fritzi, was da
e Kiste= un Fässer= un Balle=Spiel an dem Maa (Main) leißt (liegt),
un was des e Hannel un Wannel (Handel und Wandel) is an dem
Maa; ja, Frankfort deß hat was zu bestelle; so e groß' Handelsstadt
giebt's in der ganz' Welt kaa zwett (keine zweite) nit, als Frankfort
am Maa; un guck' nur emal aa (an) die viele große Schiff'!

„„Großpapa, sein (sind) das lauter See schiff?""'
Das grad' nit all, mei Kind, aber se kenne all im Meer schwimme.

Und dann sein merr (wir) in en Nache (Kahn) gestiege; un wi
merr (wir) uff'm Mitte Maa warn, da hat mei Großvatter zu merr
(„merr" heißt sowohl mir, als wir als man) gesagt: Jetz, Fritzi,
mach' aber emal die Aage (Augen) uff un guck' dem Maa enunner so
weit als De (Du) kannst. Guckst De, Alles was De da siehst, himwe
un drimwe (hüben und drüben), alle Häuser un Gärte, un die Insel
un der klaa Maa (der kleine Main, ein Flußarm), un alle Beem
(Bäume) un alle Felder bis ganz, ganz tief hinunner an den Grind-
Brunne, un noch viel, viel tiefer hinunner, ganz weit da hinte bis
an den Gutleut's=Hof*) un noch en ganz halb' Stunn (Stunde)

---

*) Ein Hofgut, etwa eine halbe Stunde von der Stadt entfernt.

drüber hinaus: Des All, all mitananner gehoert (gehört) all Frankfort, des is Alles, Alles, Alles mitenanner aanzig (einzig) un allaa (allein) nor (nur) Frankfortisch. Net wahr, des ist aber emal viel? „„Uh!"" hab' ich gesagt.

Un jetz dreh' Dich emal nach der Brück' zu. Guckst De, des ist Alles, Alles aach all frankfortisch: alle Häuser, hiwwe un driwwe, un ganz Frankfort un ganz Sachsehause un der Rente-Thorn (Renten-Thurm) un der Mezler-Thorn (Metzger- oder Fleischer-Thurm), un die ganz Sachsehäuser Brück' mitsammt dene zwaa Mühle druff, un die Insel dadriwwe un alle Beem' (Bäume) druff. Un nun guck' aber erscht emal durch die Brücke-Boge! Da siehst De, so weit als das Aage (Auge) reiche thut, bis ganz, ganz hinne (hinten) an die Gerber-Mühl niz, als lauter Frankfortisch Derredohrium (Territorium); da ist niz, gar niz, aber auch gar niz, was net ganz Frankfortisch un nur Frankfortisch wär'! Un, was De gar nit seh' kannst, des ist aach Alles Frankfortisch. Net wahr, des ist mal emal groß, des Frankfort!? „„Uh!!"" hab' ich wieder gesagt.

No, hat mei Großvatter gesagt, wenn merr nu an die Sachsenhäuser Waart (Warte) enuff (hinauf) komme, da werscht de aber erscht emal die Aage uff reiße un gucke.

Un bis merr dann an die Sachsehäuser Waart enuff komme sinn, da is der Alles, Alles widder, hiwwe und driwwe, unne un owwe (unten und oben), Alles, was gange un gestanne is, Alles, was gekreucht und gefleucht is, Alles, Alles widder Frankfortisch gewese. Da obe aber, auf der Sachsehäuser Waart, hat mich mei Großvatter auf en Chausseestein-Haufe gehobe un hat gesagt: Nu, jetz guck amol do enunner!

Un ich habe der aach werflich beede Aage uffgerisse, weit uffgerisse vor Verwunnerung, un das Maul derrzu. Denn daß die Welt so groß wär', das hätt' ich net geglaubt.

„„Großvatter! ach was der e Last (Menge) Dächer un Thern (Thürme)! Ach da is ja aach der Pathorn (Pfarrthurm)!"" hab' ich gerufe, „„„un der Maa! Großvatter, e Schiff! — ich seh' e Schiff!!"""

Ja, hat mei Großvatter mit sehr vieler Würde gesagt, da drunne die groß, groß Statt, das ist die freie Reichsstatt Frankfort am Maa, un gehört zu Frankfort mit sammt Sachsehause un der ganz Gemüse-Gärtnerei. Un aach alle Thern (Thürme) gehoere ze Frankfort: der Pa-Thorn, der Katherine-Thorn, der Eschemer-Thorn, — guckst De, der ganz da hinne der! Un der Nicolai-Thorn. Un der Rente-Thorn. Un der Mezler-Thorn. Un alle Waart-Thern un noch emal e Laß (Menge) annere (andere) Thern. Un dort das große Dorfe, das ist Bernem, wo's die gute Butterkuche giebt. Un das ist aach unser. Un Nieder-Rad, wo der Schneider sei Wirthschaft hat; un Ober-Rad, wo der Klaus wohnt; un Hause, wo dem Braumann sei Garte is; un Bomees un Nieder-Orschel un Nieder-Erlebach un Gott waaß, was all noch für Dörfer. Die sinn aach all unser. Un da unne der Maa gehört aach Frankfort. Un die Nied bei Hause gehört aach uns; un aach die bei Bomees, un noch viele annere (andere) reißende Fliß (Flüsse): der Mezler-Bruck, der sich am Ober-Maa-Thor in de Maa-Strom ergieße thut; un der Luderbach, der sich beim Sandhof mit dem Maa vermählt. Un merr hawwe aach sehr viel Berg': hier der Sachsehäuser-Berg; un da der Mühl-Berg; un da der Larchus-Berg un dort driwwe der Neder-Berg un der Bornheimer Berg. Das gehört All unser.

„„„Net wahr,"" Groß-Babba, „„,un de Remer-Berg (der Römer-Berg, Platz in der Stadt, auf dem das städtische Rathhaus, der Römer, steht) aach?"""

Ja, mein Kind, der gehört aach unser. Un die viele Wälder, die uns geheere: der Frankforter Wald un der Ower-Räder-Wald, un der Weilruh-Forscht, un der Hinkelstaaner Forscht, un der Neder-Wald, un der Neweftöcker Wald un da gleich hinner uns der Iseborger Wald.

„„Groß-Babba, sinn da aach Löwe un Tiger drin?"""

Das grad nit, mei Kind, aber sonst sehr viele beese (böse) Dier'n (Thiere).

„„,Ach, ich fercht' mich.""

Sei nor ruhig, se dhun abm (einem) nix. Ja, Fritzl, des ist all Frankfortisch. Das geheert All uns. Alle Dörfer un alle Beerg' un Wälder un Ström', un Alles mit enanner da unne. Un alle Höf' un Wiffe (Wiesen) un alle Felder un alle Beem (Bäume) — das geheert Alles, Alles, Alles unser.

„„„Net wahr, Großvatter, un alle Kersche, un alle Biern, un alle Eppel un Niß' (Aepfel und Nüsse)?"""

Jawohl, mei Kind, des is Alles mit enanner Frankfortisch. Ja, es giebt nor aa Frankfort!

„„„Weiter gar kaans, Groß-Babba?"""

4*

O ja, es giebt noch aans, — aber des gilt nix — tenn
da is e „Obber" brbei (dabei)."

Soweit das Capriccio des trefflichen Frankfurter Laternen-
Dichters. Heut zu Tage würde derselbe, als guter Frankfurter Patriot, sich hüten, ein solches Opus zu verfassen und zu veröffentlichen.
Nicht obgleich, sondern gerade weil es so außerordentlich wahr
und richtig das Frankfurter Selbstbewußtsein charakterisirt, und weil
die hier so stark in den Vordergrund tretende komische Seite desselben
jetzt gar nicht recht paßt zu dem Bilde der „trauernden Juden" an
den Gewässern des Maa.

A propos „Maa" fällt mir ein, daß ich noch zwei Punkte dem
norddeutschen Leser zu erläutern habe, nämlich erstens das doppelte a
mit dem Zirkumflex darüber, zweitens das Wort „obber". Jener
Zirkumflex*) soll nämlich bedeuten, daß der gedehnte Vocal (oder auch
Diphtong, wie z. B. mei statt mein) eine sehr starke nasale Bei-
mischung hat. Ich habe diese Bezeichnung gewählt erstens weil ich
keine bessere wußte, und zweitens weil sie im Portugiesischen Sitte ist,
wo z. B. in Lisboa und Camoes der betreffende Vocal ebenfalls nasal
lautet. Im Frankfurtischen ist oft der nasale Anklang des Vocals
der Ersatz für den verschwundenen Consonanten n.

Was sodann das Wort „Obber" anlangt, so ist es dasselbe mit
„oder". In den unteren Volksschichten am Mittelrhein herrscht aber
die üble Gewohnheit, statt des Wortes „aber" das Wort „ober" zu
gebrauchen. Außerdem bedeutet das Wort „Obber" als Substantiv
auch eine Fischotter, eine Natter und einen zum Offizier avancirten
Unteroffizier. Letzteres hat auch eine sehr eigenthümliche Bewandtniß.
In einigen der kleinen Fürstenthümer am mittlern Rhein sah man
sich Anno Achtundvierzig genöthigt, dem „Volke Konzessionen zu
machen", darunter auch die, daß man mehrere tüchtige Unteroffiziere
zu Offizieren avanciren ließ. Dies bereute man später aufrichtig.
Denn obgleich gegen die Leute technisch als Offiziere weiter nichts ein-
zuwenden war, so konnten sie doch auf den Hofbällen zum Tanzen
u. s. w. nicht gut verwandt werden; auch machten sie nicht dieselben Sprachfehler, wie ihre vornehmeren Kameraden, sondern
andere, und zwar namentlich den, daß sie statt „Aber"

---

*) der im Manuskript stand, den aber der Setzer beim Druck — wohl
aus ästhetischen Gründen — beseitigt hat.

sagten: „Odder". Deshalb nannte man einen solchen Anno Achtundvierzig zum Offizier avancirten Feldwebel einen „Odder"; man
suchte ihn später so schnell wie möglich auf dem Wege der Civilver-
sorgung wieder aus dem Offizier=Corps hinaus zu befördern. Dies
war 1865 endlich mit Allen nach und nach gelungen. Endlich war
die kleinfürstliche Armee purificirt, und weil alle „Odder" glücklich
beseitigt waren (die heutigen Welfen=Demagogen werden diese demokratische Maßregel bewundern!), deshalb hatte man auch 1866 die
größte Siegesgewißheit, die sich leider nicht realisirte.

Jn obiger Textstelle bedeutet das „Odder" equivoque sowohl die
Oder (den Fluß) als auch „aber".

Es gibt außer dem Frankfurt am Main auch noch eins an der
Oder. Aber das gilt nichts. Denn es ist „e Odder" dabei, d. h.
es hat sein „Aber"; es ist nicht das correcte, richtige, allein selig
machende Bundestags=Frankfurt, wo die Krösus' der Börse und die
Größen des Maulheldenthums floriren.

Das Wortspiel ist bewundernswerth, weil es so drastisch das
Frankfurter Selbstbewußtsein charakterisirt, dieses Frankfurter Selbstbewußtsein, das sich auf seinen Kirchthurm stellt, die Blicke ringsum
schweifen läßt und mit Stolz uns zuruft:

„Dies Alles ist mir unterthänig,
Und das ist doch fürwahr nicht wenig.
Gestehet, daß ich glücklich bin!"

Allein auch Das war eigentlich schon zu der von dem Laternen-
Dichter besungenen Zeit von Frankfurts Macht und Größe eine ab-
sichtliche oder unabsichtliche Täuschung. Denn schon die nächsten
Höhen des Taunus, an welchen der Blick haftete, waren auch damals
nicht „Frankfordisch", sondern kurhessisch, hessen=darmstädtisch,
nassauisch und landgräflich hessen=homburgisch. Wenn man damals
zu Wagen von Frankfurt nach Homburg vor der Höhe fuhr, was ein
Stündchen dauerte, dann kam man durch fünf deutsche Länder, nämlich durch: 1) die Republik Frankfurt, 2) das Herzogthum Nassau,
3) den Kurstaat Hessen, 4) den Darmstaat Hessen, 5) die Landgrafschaft Hessen; und diese fünf verschiedenen deutschen Völker und
Stämme machten von dem freien Selbstbestimmungsrecht, welches
ihnen nach dem im Sperl zu Wien confirmirten staatsrechtlichen Gut-
achten der Triumvire Julius Frese, Karl Mayer und Adam Trabert
ganz unzweifelhaft zusteht, insofern den ausgiebigsten Gebrauch, als

jede der fünf Regierungen auf ihrem mit der Breite eines Handtuches dazwischen liegenden Streifen Landes eine Chaussee-Geld-Erhebungs-Stätte errichtete, um daselbst das Pferd und das Fuhrwerk des Ausländers, nicht minder aber auch gelegentlich und nebenbei das des geliebten eignen Unterthanen mit einem möglichst hohen Passage-Zoll zu belegen. Leider ist dieses ganze coupirte Terrain nun preußisch geworden, und zwar ohne daß die Bevölkerung von einem jeden dieser fünf nebeneinander liegenden Handtücher befragt wurde, wen sie sich zum Staatsoberhaupte auserküre, in welchem Falle jedes souveraine Handtuch ohne Zweifel sich, unter der Bedingung, daß er nur im Inlande dürfe machen lassen, sein Staatsoberhaupt apart gewählt hätte, und natürlich — denn darauf beruht ja „die Mannigfaltigkeit in der Einheit" — ein Jedes einen ganz eigenartigen berechtigt-eigenthümlichkeitlichen Mann, wie z. B. die Landgrafschaft Hessen den Spielpächter Blanc und das Stückchen von Kurhessen, wenn es denn doch einmal seinen vortrefflichen Kurfürsten nicht hätte behalten können, den noch vortrefflichern Adam Trabert aus Fulda. Da nun aber Alles Das durch schnöde List und Gewalt vereitelt worden ist, so schrie Adam Trabert aus Fulda in der Schießhalle des Wiener Prater dreimal Wehe über die Annexionen; und „Schützenbruder deutscher" jubelte ihm für den Augenblick Beifall zu. Victrix causa Diis placuit, sed victa Traberto.

.

Viertes Kapitel.

Venedig und Frankfurt.

Motto:
„Si duo faciunt idem, non est idem".

Zwei alte Republiken sind 1866 für immer untergegangen, um bewältigt durch das Bedürfniß der einheitlichen staatlichen Zusammenfassung der Nation, jede in eine größere Monarchie aufzugeben; Frankfurt ist in Preußen und Deutschland, Venedig ist in Italien aufge-

gangen. Aber wenn auch Zwei das Nämliche thun, so ist es doch
nicht das Nämliche, sondern es vollzieht sich meist in sehr verschiedener
Weise. Frankfurt regierte bis dahin sich selbst, oder glaubte wenigstens, daß es dies thue, während es indirekt von Oesterreich (nämlich
vom Bundestag, und der Bundestag von Wien aus) regiert ward;
Venedig stand unter direkter österreichischer Fremdherrschaft. Frankfurt ging direkt an Preußen über, Venedig indirekt, durch Vermittelung Frankreichs, an Italien. Frankfurt wurde nicht gefragt und
würde, wenn es über die Einverleibung abzustimmen gehabt hätte,
mit tausend Zungen „Nein“ geschrieen haben. Venedig wurde gefragt.
Es hatte mit „Ja“ oder „Nein“ abzustimmen, ob es dem Italien
unter der Dynastie von Piemont angehören wolle, oder nicht. Hätte
es mit „Nein“ gestimmt, so wäre es gewiß nicht an Oesterreich zu-
rückgefallen, sondern es hätte die Möglichkeit vor sich gehabt, an-
knüpfend an seine glorreiche Vergangenheit, als Republik wieder auf-
erstehen zu können, wenn auch unter französischem Protektorate. Allein
die Venezianer faßten letztere Möglichkeit gar nicht einmal ins Auge.
Sie hatten die Wahl zwischen der formellen Freiheit, dem Selbstbestimmungsrecht, der Republik, auf der einen Seite, und der
materiellen Einheit, dem Staate, der Nationalität in Form einer
Monarchie, auf der andern Seite. Sie schwankten keinen Augenblick. Sie wollten lieber Italiener als Venezianer, lieber Monar-
chisten als Republikaner sein. Sie brachen mit ihren eigenen republi-
kanisch-legitimistisch-partikularistischen Reminiscenzen, um sich dem
modernen nationalen Kulturstaat in die Arme zu werfen. Schon
Tagelang vor der Annexions-Abstimmung sah man in Venedig nur
die bunte italienische Tricolore, hin und wieder mit der ernsten
preußischen Standarte gepaart. Das Emblem des Löwen von San
Marco, dem Herzen eines jeden Venezianers sonst so theuer, war
diesmal verpönt, weil es als antinationaler Partikularismus hätte
mißdeutet werden können. Tage lang vor der Abstimmung trugen
die Venezianer Zettel an den Hüten, worauf mit großen Buchstaben
„Si“ (Ja) geschrieben stand. Wenn sich auf den Kanälen die Gon-
deln und Barken kreuzten, wenn die Leute auf der Piazzetta, der Piazza,
den engen, für Wagen und Pferde unzugänglichen Straßen, den steilen
Brücken an einander vorübergingen, dann rief man statt des sonst
üblichen Grußes: „Si, si, si!“ oder „Viva Italia una!“ Und doch
wußten die Venezianer recht gut, daß die Steuern und der Kriegsdienst

in Italien mindestens eben so hart auf ihnen lasten werden, als in Oesterreich, und jedenfalls weit härter, als wenn sie ein Duodez-republikchen für sich geworden wären und für dieses das Recht der Neutralität in Anspruch genommen hätten, wie die Kantone der Schweiz. Sie wußten, daß Oesterreich keine seiner Provinzen mehr geschont, mehr, wie man dort sagte, „nur mit der Sammetbürste gestrichen" hatte, als Venezien, daß dagegen die piemontesischen Beamten mindestens eben so stramm sind, wie die preußischen, und dadurch bei den übrigen italienischen Racen, welche theils aus weicherem Stoffe gemacht sind, wie die Toscanesen, theils, an gemüthliche und zuweilen auch sehr ungemüthliche Anarchie in öffentlichen Dingen gewöhnt, dem Staatsbegriffe widerstreben, wie die Süditaliener, vielfach Anstoß erregt haben und noch erregen. Sie wußten, daß ihnen Oesterreich die Brenner-Bahn baute, durch welche vielleicht der Handel Venedigs mit dem mitteleuropäischen Festlande einen Abglanz seiner alten Blüthezeit wiedergewinnen könnte. Aber sie vergaßen das Alles über der nationalen Ehre. Sie dachten:

„— nichtswürdig ist die Nation,
Die nicht ihr Alles einsetzt für die Ehre!"

Sie riefen: Si, si, si. Sie stimmten: Si, si, si; und als sie aus Venezianern Italiener wurden, pochte ihnen das Herz vor Freude, anstatt in Schmerzen zu brechen.

Anders in der Republik Frankfurt. Hier herrschte und herrscht heute noch Heulen und Wehklagen. Man verzweifelt an der Zukunft. Man trägt rothweiße Schleifen und Armbänder aus den für das unbewaffnete Auge nur schwer sichtbaren kleinen Frankfurter Silberkreuzern, die man vergoldet. Man supplizirt öffentlich bei dem Sieger in demselben Augenblick, in welchem man ihn heimlich verwünscht. Man verabscheut die allgemeine Wehrpflicht, man denkt mit Grausen an die Steuern, an die preußischen Beamten, an die Zugfreiheit, welche die reiche Stadt mit armem „Gesindel" und „Schund" füllen wird, das am Ende gar, ohne eine eingeborne Vollblut-Frankfurterin zu heirathen, „Borger" werden und den Alt-Angesessenen mit frecher zudringlicher rühriger Konkurrenz die Nahrung vor dem Mund wegschnappen, den Brocken schmälern, das Leben sauer machen, die behäbige Gemüthlichkeit stören will. Man will nicht preußisch werden. Man sagt, man wolle „deutsch" bleiben. Aber „deutsch" ist nur ein Euphemismus für „Frankfurtisch", vielleicht auch für „Oesterreichisch".

Man ist „föderaliſtiſch", d. h. bundestäglich. Man kann nicht begreifen, daß Frankfurt am Main hinfüro nur noch eine S t a d t und
nicht mehr ein „S t a a t" ist.

Freilich wir in Deutſchland waren immer ein wenig geneigt,
Stadt und Staat mit einander zu verwechſeln, weil beide im griechi-
ſchen und römiſchen Alterthum, dem wir unſere erſte Bildung verdanken, identiſch, und weil wir ſelber in der politiſchen Zerklüftung,
an welcher wir ſeit Jahrhunderten leiden, dem Staatsbegriff etwas
entfremdet ſind.   Die Geſchichte Griechenlands und der joniſchen
Inſeln beginnt, ſoweit unſere urkundlichen Nachrichten reichen, mit
handeltreibenden Städten, welche den Charakter von Kleinſtaaten anzunehmen ſtreben, ohne jedoch den von Städten ablegen zu wollen;
ſelbſt den Namen (πόλις, πολιτεία) leitet der Staat von der Stadt
ab.   Auch die römiſche Geſchichte iſt lange Jahrhunderte hindurch
nichts als die Geſchichte einer Stadt, die gleich einem ins Waſſer ge-
worfenen ſchweren Steine, immer größere, aber auch immer ſchwächer
werdende konzentriſche Kreiſe um ſich zieht, ſo lange, bis dieſelben die
ganze damals bekannte Welt bedecken.   „Urbi et orbi", der Stadt
und dem Erdenrund, giebt noch heute der römiſche Papſt ſeinen
Segen.   Aus der „Bürgerſchaft" — civitas — und dem „Gemein-
weſen" — res publica — war ſeit Julius Cäſar ein Weltreich —
imperium — geworden.

Aber in Deutſchland verhält es ſich geradezu umgekehrt.   Hier
war der auf die Agrarverfaſſung, zuerſt auf die Gau- und Mark-,
und dann auf die Lehnsverfaſſung, welche beide ihre Baſis in dem
Grundbeſitz haben, aufgebaute Staat Jahrhunderte lang v o r den
Städten da. Erſt lange nach der von Cäſar und Tacitus geſchilderten
Flur- und Gauverfaſſung, erſt lange nach der Kaiſerkrönung Karls
des Großen, erſt im elften und zwölften Jahrhundert erſchienen die
Städte gleichzeitig mit der Entwickelung der ſich in die N a t u r a l -
wirthſchaft eindrängenden G e l d wirthſchaft, — jene wie dieſe eines
die Urſache und gleichzeitig auch die Wirkung des anderen bildend.
Noch Jahrhunderte lang haßt der Germane die Städte, weil er glaubt,
die Freiheit könne nicht in einer Baſtille wohnen.   Als aber auf dem
flachen Lande Lehnsweſen und Hörigkeit immer mehr um ſich griff und
die urgermaniſche Freiheit unterdrückte, da eilten die Leute, die der
Leibeigenſchaft bereits verfallen, oder von dieſer oder von anderen
Unbilden Seitens der kleinen Herren bedroht waren, in Schaaren in

die Städte, um dort persönliche Freiheit, reichen Erwerb und gesicher-
ten Besitz zu finden, die ihnen draußen verloren gegangen waren.
Die Städte waren damals ein den Mühseligen und Beladenen geöff-
netes Asyl. Erst später wurden sie exclusiv, als der Geist des Pfahl-
bürgerthums, der Zunft und des Zopfs eine chinesische Mauer um
das städtische Weichbild zog und die Fremdlinge und Hergelaufenen
hinaustrieb.

Im Alterthum wuchsen die Städte zu Staaten empor. In
Deutschland wuchsen die Städte, Anfangs als fremdes Element, in
den schon vorher vorhandenen Staatsverband hinein. Dort
bildeten sich die Städte zum Mittelpunkt der verschiedenen kon-
zentrischen Kreise aus, woraus sich der damalige Staat auf-
baute, des Kreises der Staatsbürger (cives), der Verbündeten (socii),
der Unterworfenen und Unterjochten. Im germanischen Mittelalter
aber bildeten die Städte jede für sich einen Kreis und diese vielen
Kreise waren exzentrisch. Sie hatten keinen gemeinschaftlichen
Mittelpunkt; und da zu jener Zeit der primitive Staat nicht sehr
liebenswürdig war, so verhielten sich die Städte zum Mindesten gleich-
gültig, oft aber auch feindselig gegen denselben. Einen gut konservirten
Ueberrest dieser mittelalterlichen Position finden wir z. B. in der
privilegirten Stellung, welche die Stadt Rostock mitten in dem Feudal-
staate Mecklenburg einnimmt. Die übrigen Reichsstädte, welche ihre
Quasi-Souveränetät bis zur Stunde gefristet haben, und deren
Bürgermeister im August 1863 mit den Gesalbten des Herrn in
Frankfurt den historischen Ochsen verzehren durften, zeigen eine höchst
interessante Mischung von weltbürgerlichem Kosmopolitismus und
pfahlbürgerlicher Engherzigkeit. Der erstere wiegt vor an der See,
im internationalen Freihafen, in Hamburg. Die letztere wiegt vor
im Binnenland, auf dem Meßplatze und kleinfürstlichen Geldmarkt,
in Frankfurt. Bis zur Stunde enthalten diese Städte noch die kost-
barsten, unbezahlbarsten Originale an Menschen, Einrichtungen und
Dingen. Je mehr die deutsche Einheit eine Wahrheit wird, desto
mehr werden vielleicht diese Originale aussterben. Es hätte das
größte Interesse für die deutsche Kulturgeschichte, daß ein Sachkundiger
diese merkwürdigen Ueberreste einer vorsündfluthlichen Zeit, diese
Kuriositäten photographirte vor ihrem baldigen Ende.

Wer heute in Frankfurt weilt, der kann jeden Tag wenigstens
zwölfmal sprechen hören von der „sehr glorreichen tausend-

jährigen Geschichte dieser Stadt" oder dieses „Staats".
Auch Herr von Patow hat bei Verkündigung des Einverleibungs-
patentes eine derartige Phrase mit einfließen lassen. Natürlich nur
aus einer dem Mißverständnisse etwas zu sehr exponirten Höflichkeit.
Denn das Ganze ist nur „une Fable convenue". Frankfurt hat
überhaupt gar keine politische Geschichte; und nur von einer
solchen könnte doch die Rede sein in dem Augenblick, wo man dem
Verluste der staatlichen Selbstständigkeit seine Thränen weihet. Die
deutsche Nation ist dieser Stadt tausend Dank schuldig, daß sie ihr
einen Feuerbach, einen Savigny und gar einen Göthe geschenkt hat. Die Frau Rath Göthe ist namentlich so recht der
Urtypus der frischen, leichtlebigen und doch so klugen, dieser phantasie-
reichen und doch stockrealistischen Race der rheinischen Franken;
selbst der leise Anflug des spießbürgerlichen Zopfs, den sie nicht ganz
verleugnen kann, steht ihr gut zu Gesichte. Wir wollen uns auch
den braven, aber leidenschaftlich-kurzsichtigen Ludwig Börne gefallen
lassen, der als Löb Baruch in der Frankfurter Judengasse das Licht
der Welt erblickte; und sogar die ebendaselbst geborene Bettina
von Arnim, geb. Brentano, das alte „Kind", das Immermann in
seinem unsterblichen Münchhausen so prachtvoll parodirt hat. Wir
wollen ferner nicht den Respect verweigern den zahlreichen wissenschaftlichen und künstlerischen Instituten und Vereinen, namentlich
dem Senkenberg'schen Institut und dem Städel'schen Museum, den
vielen trefflichen Wohlthätigkeitsanstalten für Wittwen und Waisen,
für Blinde, Taubstumme, Aussätzige, Epileptische, Geisteskranke,
Arme und Verlassene, welche die Frankenstadt am Maine aufzuweisen
hat, obgleich wir die Bemerkung nicht unterdrücken können, daß Alles
das weit größeren Nutzen gestiftet haben würde, wenn die Stadt nicht,
wie gesagt, auch eine, nur vermittelst der Verheirathung mit einer
eingeborenen Indianerin — bitte um Entschuldigung: Frankfurterin
zu durchbohrende chinesische Mauer um ihr Weichbild gezogen und
die bürgerliche Niederlassung eines jeden Auswärtigen, der nicht
Schätze aufzuweisen hatte — ganz im Widerspruch mit den älteren
Traditionen der oben geschilderten mittelalterlichen Städte, der Asyle
der Zugfreiheit — erschwert oder unmöglich gemacht hätte.

Frankfurt hat, wie jede größere und günstig gelegene Stadt,
seine ehrenvolle Stätte in der deutschen Kulturgeschichte; aber in der
politischen Geschichte steht seine Rolle weit hinter der von

Straßburg, Worms, Speier, Mainz, Köln und anderen
rheinischen Städten zurück. Allerdings hat Karl der Große hier ein
Kirchen-Konzilium gehalten. Ludwig der Fromme hat hier gebetet.
Die Kaiser wurden hier gewählt und gekrönt. Napoleon I. etablirte
hier ein „Großherzogthum", indem er Hanau, Fulda und Aschaffenburg mit Frankfurt vereinigte. Auch hat seit 1815 (abgesehen von
der kurzen Episode des „verfassunggebenden" deutschen Reichstages,
welcher leider keine Verfassung gab, weil er nicht aus Staatsmännern,
sondern aus Gelehrten bestand, jenem Jugendtraum, der so schön
anfing und so kläglich endigte), seit 1815 also hat hier der schließ-
lich in den „Drei Mohren" in Augsburg entschlafene Bundestag
seine permanenten Ferien gehalten, welche er zu guter Letzt in frivoler
Nachahmung des Stuttgarter Rumpf-Parlaments, mit der Prokla-
mation des levée en masse, der allgemeinen Volksbewaffnung, schloß,
und zwar an demselbigen Tage, an welchem er selbst vor den an-
rückenden Preußen auskratzte, weil „Vorsicht der bessere Bestandtheil
der Tapferkeit ist", — so sagt wenigstens Falstaff.

Alles das sind historische Ereignisse; aber bei allen diesen
Weltbegebenheiten hat Frankfurt nur zugesehen.
Die Stadt und der Staat waren immer nur griechischer Chor oder
modernes Theater-Publikum. Mitgespielt haben sie
niemals.

Auch haben hier der Abgeordnetentag und der Kongreß der
Landesvertretungen, der Sechsunddreißiger Ausschuß, ferner der
großdeutsche Reform-Verein unter Varnbüler, Lerchenfeld, Gagern,
der National-Verein unter Bennigsen, Schulze-Delitzsch, Lang, der
Fürsten-Kongreß unter Kaiser Franz Joseph von Oesterreich, der
Katholiken-Kongreß unter dem Freiherrn von Andlaw, der volkswirthschaftliche Kongreß unter Lette, die Schutzzöllner unter dem
Augsburger Baumwollspinner und Hofrath von Kerstorf, und die
Sozialdemokratie unter Lassalle, getagt. Bei alledem aber waren die
Frankfurter im Wesentlichen nur Zuschauer, „kühl bis an's Herz
hinan". Nur bei dem letzten Abgeordnetentag, welcher auf Pfingsten
1866 hier abgehalten wurde und sich weigerte, auf den faulen Zopf
der österreichischen vasallitischen Heeresfolge anzubeißen, Namens der
deutschen Mittel- und Kleinstaaten, für welche allein er zu sprechen
berechtigt war, zeichnete sich „allhiesiger Publikus" durch äußerst wilde
Gesten und unziemliches Brüllen aus, so daß ängstliche Gemüther

des Schicksals des Fürsten Lichnowsky gedachten, — jedoch, wie es
mir bedünkt, ohne allen Grund. Man brannte damals zwar Mord-
schläge ab, die viel Geräusch machten und Niemandem etwas zu Leide
thaten; aber gegenwärtig behaupten die Frankfurter, auch dies
hätten etliche schwäbisch-österreichische Literaten gethan, welche in
Frankfurt niemals ansässig gewesen, und wahrscheinlich auch nirgends
sonstwo, so daß, wenn sie bei Sonnenschein auf einen Baum stiegen,
sie auf Erden Nichts, so sie ihr Eigen nennen könnten, zurückließen,
mit alleiniger Ausnahme ihrer Schulden und ihres Schattens; und
diese gegenwärtige Betheuerung der Frankfurter hat wenigstens
nichts gegen sich, weil damals die Sache nicht ordentlich untersucht
wurde, und Etwas für sich. Denn es schwärmte allerdings damals
hier „der Malandrinen wildes Volk", wie Schiller in seiner Ueber-
setzung eines italienischen Dramas weniger richtig, als wohlklingend
sagt. Denn „malandrino" ist kein Volk, sondern ein italienisches
Begriffswort, das auf Deutsch akkurat „Straßenräuber" heißt, —
und weiter gar nichts.

Doch, wird man fragen, was haben denn die Frankfurter gemacht in den tausend Jahren, seit welchen Frankfurt steht? Das will
ich Dir sagen, lieber Leser. Erstens Kreditgeschäfte, zweitens
Prozesse und drittens Partikularismus. Ich kann diese
Gelegenheit nicht vorübergehen lassen, ohne auf ein Buch aufmerksam
zu machen, welches leider außerhalb des städtischen Weichbildes von
Frankfurt viel weniger bekannt ist, als es verdient. Sein Verfasser
ist der Frankfurter Professor Dr. Georg Ludwig Kriegk, derselbe,
der sich der Mühe unterzogen hat, Schlosser's Weltgeschichte für das
große Publikum zurecht zu machen, — mit viel Glück und Geschick,
aber nicht zum Danke des hochverdienten, aber mit etwas Eigensinn
und außergewöhnlicher Schreibart behafteten Autors. Jenes Buch
heißt: „Frankfurter Bürgerzwiste und Zustände im Mittelalter"
(Frankfurt 1862). Es ist „dem Hohen Senate der freien Stadt
Frankfurt ehrerbietigst zugeeignet" und strotzt wohl auch ein wenig
von freireichsstädtischem Lokalpatriotismus. Gleichwohl ist es ein
ehrliches und gewissenhaftes, auf streng wissenschaftlichen und urkundlichen Forschungen beruhendes Werk; und wer sich vor dem Bischen
gelehrten Ballast nicht fürchtet, der kann hier die ergötzlichsten Geschichten lesen von den mittelalterlichen Geldgeschäften, Handels- und
Spielbanken dieser Stadt nicht nur, sondern auch, wie sich deren

ehrsame Bürger von 1300 bis 1800 post Christum ohne Unterbrechung
gezankt und gebalgt und ohn' Unterlaß mit einander prozeßt haben, —
die Zünfte mit den Geschlechtern; der Rath der Dreiundsechzig mit
der Bürgerschaft; die Stadt mit dem Klerus; die Bürger mit den
Bauern und beide mit den Rittern; die Meister mit den Gesellen und
Lehrlingen; eine Korporation mit der andern; die Christen mit den
Juden und Juden mit den Christen; also daß auf je 200 Einwohner
je ein Advokat kam und die Rubrik „Frankfurt wider Frankfurt" das tägliche Brod war bei den Gerichten des Reichs.   Wer
sich über diese „tausendjährige Geschichte" glorreichen Andenkens
näher unterrichten will, findet bei Kriegk reichliche Nahrung.   Mein
Raum ist zu eng und jenes Buch ist zu gut, als daß ich letzteres in
ersterem ausschreiben sollte.

Und was den Partikularismus anlangt, so mag hier nur bemerkt werden, daß sich Frankfurt gegen den Beitritt zum Zollverein
ebenso hartnäckig wehrte, als irgend einer der schwarzgelbsten Klein-
fürsten.   Hessen-Darmstadt war schon 1828, Kurhessen 1831, Baiern,
Thüringen, Württemberg und Sachsen 1833, Baden 1835 dem Zollverein mit Preußen beigetreten.   Frankfurt kam erst zu allerletzt 1836,
nachdem ihm von allen Seiten der Paß abgeschnitten war.   Denn
auch Nassau, welches noch 1835 mit Frankreich auf einen Zeitraum
von 5 Jahren einen Zollvertrag à la Mecklenbourg (magna ingenia
conspirant!) abgeschlossen, welcher ihm den Beitritt zum deutschen
Zollverein unmöglich machte, mußte sich auf eine geschickte Art aus
den Schlingen dieser antinationalen Konvention loszuwinden (siehe
Vierteljahrsschrift für Volkswirthschaft und Kulturgesch. von Faucher
und Michaelis Bd. XV. S. 55—85) und war Ende 1835 dem
Vereine beigetreten.   Frankfurt aber setzte seinen lokalen Meßverkehr
und Zwischenhandel höher, als das Bedürfniß der Herstellung eines
freien und einheitlichen Wirthschaftsgebiets in ganz Deutschland.
Sodann aber glaubte es steif und fest an die „goldene Bulle Caroli
Quarti", an diese geschriebene Konstitution, welche Kaiser Karl IV.
dem sinkenden deutschen Reich verliehen, um darin den centrifugalen
Tendenzen der Territorialgewalten namentlich der Herrn Kurfürsten
die offizielle Sanktion gegenüber dem Reiche zu geben, dieses Siegel,
welches der Kaiser selbst seiner eigenen Ohnmacht aufdrückte.   Ein im
Uebrigen verdienter deutscher Geschichtsforscher, welcher in Frankfurt
Bibliothekar und dabei beseelt war von jener habsburgischen Gesin-

nung, welche man von 1862—1865 „großdeutsch" genannt hat,
schrieb eine Geschichte der Zölle in Deutschland, in welcher er nach
langen Deduktionen voll außerordentlicher Gelehrsamkeit zu dem Re=
sultat — ich wage nicht zu sagen zu dem „praktischen Resultat",
denn es war doch außerordentlich unpraktisch — kam, das Heil
sei nur bei Oesterreich zu suchen, ein Beitritt zu dem von Preußen
gegründeten Zollverein sei ein Verrath an Kaiser und Reich, und
die freie Stadt Frankfurt dürfe niemals vergessen, welche hohe Ehre
ihr unter sämmtlichen deutschen Städten durch die aurea bulla Caroli
Quarti widerfahren, und daß in selbiger ausdrücklich gesagt sei, neue
Zölle anzulegen sei auf's Strengste verpönt. Der Frankfurter Biblio=
thekar, welcher ein trefflicher Historiker, aber ein schlechter National=
ökonom war, vergaß den Unterschied zwischen Außenzöllen und
Binnenzöllen. Die goldene Bulle spricht von den Passage=Zöllen
im Innern (thelonea pro transitu). Gerade diese aber hat der
Zollverein nicht durch Kreirung neuer vermehrt, sondern (abgesehen
von Bier und Branntwein) gänzlich vernichtet und durch eine ge=
meinschaftliche Zolllinie nach Außen ersetzt.

Leider bot die goldene Bulle kein Mittel zur Abwehr der Be=
drängnisse, welchen sich Frankfurt durch seinen Eigensinn und seine
Isolirung exponirte. Rings von Zolllinien umgeben hatte es nur
noch das ebenso eigensinnige kleine Nassau und die Wasserstraße offen.
Das hessische Städtchen Offenbach am Main, welches dem Zollverein
seit 1828 angehörte und die von Frankfurt auf das Eifrigste abge=
wehrte Zug= und Gewerbefreiheit sorglich pflegte, drohte die stolze
Kaiserstadt zu überflügeln und deren Zwischenhandel und Meßverkehr
an sich zu reißen. „Glänzende Frankfurtische Buden standen leer,
während ärmliche Offenbachsche Keller von Frankfurter Kaufleuten mit
nicht geringen Kosten gemiethet werden mußten." (Prof. Wurm,
Gesch. d. Zollvereins, S. 165.) Alles das wurde täglich schlimmer.
Der Hohe Senat tastete, wie ein vom Schwindel Ergriffener, rathlos
um sich und glaubte endlich, „sich an England halten zu können",
statt an Preußen und Deutschland; 1832 ging er mit England einen
Zoll=, Handels= und Schifffahrtsvertrag auf 10 Jahre ein, basirt auf
wechselseitige Freiheit des Verkehrs und der Niederlassung, beiderseitiges
Recht der meistbegünstigten Nationen, Gleichstellung der beiderseitigen
Schiffe in Bezug auf Schiffsabgaben, Import, Export ꝛc. Man schlug,
indem man den Engländern Vorrechte einräumte, welche man allen

übrigen, n i c h t auf dem kaum zwei Quadratmeilen großen Gebiete der
freien Stadt Frankfurt wohnhaften deutschen Brüdern auf das hart-
näckigste verweigerte, also eine Richtung ein, welche damit geendigt
haben würde, daß das kleine Frankfurter Gebiet mitten im Zollverein
ein eminentes Schmuggeldepot bildete für Engländer, Franzosen und
sonstige fremde Nationen. Die Debatten des Frankfurter gesetzgebenden Körpers über diesen Vertrag sind gedruckt und verdienen
gelesen zu werden. Ein einziges Mitglied hatte Einsicht und Muth
genug, schüchtern zu fragen, „ob es nicht gerathen sei, an Preußen
und Deutschland zu denken, bevor man sich zu England flüchte". Es
wurde niedergeschrieen. Die Kommission erklärte, man wolle nun
einmal partout von der „preußischen Plackerei" gar nichts wissen,
der Anschluß an das preußische Mauth-System (lies: an den deutschen
Zollverein) „v e r l e t z t d a s L e b e n s p r i n z i p d e r S t a d t u n d
v e r n i c h t e t i h r e m e r k a n t i l e E x i s t e n z ; i n e i n e m s o l c h e n
F a l l e w ä r e A l l e s v e r l o r e n ". So heißt es wörtlich in dem
offiziellen Ausschußbericht. H e u t e , vierunddreißig Jahre später,
lacht selbst der partikularistischste Stockfrankfurter herzlich über diese
kindische Gespensterfurcht, diese finstern Prophezeihungen, über welche
Senat, gesetzgebender Körper und Bürgerschaft d a m a l s einig waren
und an welchen zu zweifeln d a m a l s für schwarzen Vaterlandsverrath
gegolten haben würde. Es wird nicht lange dauern, dann werden
hoffentlich auch die unheilweissagenden Stimmen von 1866 bis 1868
bei den Einsichtigen eine gleiche Heiterkeit hervorrufen. D a m a l s
aber, am 20. Juni 1832, war man noch so sehr von der Borussophobie ergriffen und beherrscht, daß der gesetzgebende Körper sich kopfüber in die Arme Englands stürzte und mit 57 Stimmen gegen 11
beschloß, es solle dem vom Senat vorgelegten Vertrag die verfassungsmäßige Sanktion ertheilt werden „Volentem fata ducunt, nolentem
trahunt". Dem Willigen reicht das Geschick die führende Hand, den
Widerwilligen schleppt es an den Haaren. Das mußte damals auch
die partikularistisch-frankfurtische Handelspolitik erfahren. Die wirthschaftliche Entwickelung der Stadt blieb weit hinter den kleineren Orten
in der Nachbarschaft zurück, weil letztere schon lange dem Zollverein
angehörten. Ihre pfahlbürgerliche Engherzigkeit erregte überall In-
dignation. Die Presse mußte den eigentlich mehr lächerlichen, als ge-
fährlichen englischen Vertrag nicht schwarz genug zu brandmarken.
Sogar die zahme zweite Kammer in Darmstadt erklärte, indem sie dem

benachbarten Frankfurt mit dem Zaunpfahl winkte, am 16. Dezember 1832 in ihrer Adresse: „die öffentliche Meinung werde das Bestreben einzelner kleiner Staaten und Städte, durch Eingehung enger Vertragsverhältnisse mit nichtdeutschen Staaten zu Gunsten ihrer Sonderzwecke, namentlich ihrer lokalen Expeditions- und Kommissions-Interessen, ein wohlbegründetes deutsches Zoll- und Handels-System zu untergraben, nach ihrem wahren Werthe zu beurtheilen und zu vereiteln wissen". Der Frankfurter Senat, welcher noch im Jahre 1833 in dem Umschiffen des Anschlusses an Preußen und an den Zollverein und in dem englischen Vertrag „eine neue Bürgschaft Englands für die politische Selbstständigkeit" des souveränen Staates Frankfurt zu finden glaubte, wurde schon im Oktober 1834 bestürmt mit einer Monstre-Petition der Bürgerschaft um rascheste Bewirkung des Beitritts zum Zollverein. Man war sehr schlau gewesen. Aber man hatte sich in seinen eigenen Schlingen gefangen, in denen eines kurzsichtigen und irrationellen Egoismus, welcher durch „großdeutsche" Velleitäten und Idiosynkrasien irregeführt wurde. Im November reisten Bevollmächtigte gen Berlin. Nachdem sie aber bis Leipzig gekommen waren — wozu man, beiläufig bemerkt, damals noch im Eilwagen 45 Stunden brauchte — kehrten sie wieder um. Ob sie dort auf ein österreichisches Veto stießen, ob es ihnen ging, wie dem Peter in der Fremde:

> „Und wär' der Kreuzweg nicht gekommen,
> Dann wär' ich jetzt, wer weiß, wie weit";

das war bis jetzt nicht zu erfahren, wird aber wohl bald aufgeklärt werden, da nun die Frankfurter Archive in preußischer Hand sind.

Im Dezember 1835 wurde das erste Hinderniß des Anschlusses beseitigt, nämlich der englische Vertrag. Das britische Ministerium gab Frankfurt ebenso großmüthig als bereitwillig frei von dem Rest der zehn Jahre, auf welche die für beide Theile ziemlich wirkungslos gebliebene Konvention abgeschlossen war. Die „Times" goß die salzigste Lauge ihres Spottes aus über die englischen Urheber dieses albernen Vertrags. Sie erklärte es für unbegreiflich, wie ein englisches Ministerium einen Schifffahrts-Vertrag abschließen könne mit einer Binnenstadt von nicht 60,000 Einwohnern, selbst auf die Gefahr hin, es mit dem bis an die See reichenden Zollverein von 24,000,000 Einwohnern zu verderben; damit habe sich das Ministerium geradezu „lächerlich gemacht".

Erst am 2. Januar 1836 erreichte Frankfurt den Anschluß, um welchen es nun lange de- und wehmüthig suppliziren mußte, während er ihm früher auf dem Präsentirteller angeboten war, und zwar trat es ein unter proportionell weit ungünstigeren Bedingungen, als die Staaten, welche 1833 und früher beigetreten waren. Die Geschichte der sibyllinischen Bücher wiederholte sich im Kleinen.

Allein mit dem Eintritt in den Zollverein gab Frankfurt im Uebrigen keineswegs seine wirthschaftliche Absonderungs-Politik auf. Es konservirte auf das Sorgfältigste seinen kolossalen Zunftzopf bis 1863. Die Folge war, daß die Gewerbe zurückblieben. So wurde z. B. vor einigen Jahren festgestellt, daß von sämmtlichen Schuhen und Stiefeln, welche das Pflaster von Frankfurt treten, nur ein Viertel von den Frankfurter zunftgerechten Schustern gemacht, die übrigen drei Viertel aber importirt waren, von den ungeprüften Schuhmachern in Mainz, Offenbach und anderen Nachbarstädten, welche sich eines höheren Grades der wirthschaftlichen Freiheit erfreuen. Auch die Einführung der Gewerbefreiheit hatte hieran nichts Wesentliches geändert, weil man an den Beschränkungen der Zugfreiheit und des Niederlassungsrechtes festhielt. Frankfurt supplizirt gegenwärtig bei der preußischen Regierung um eine große Reihe von Subventionen und Wohlthaten, uneingedenk der Worte in Aug. Wilh. Schlegel's „Pygmalion":

„Suchst Du Rettung außer Dir — vergebens!
In Dir fließt die Quelle reichen Lebens."

Frankfurt kann und muß die größte Wohlthat sich selber erweisen dadurch, daß es nicht blos kleinstaatlich-österreichischer Geldmarkt bleibt, sondern sich neben dem Handel mit Kredit und Geld auch auf den Handel mit Waaren, auf Gewerbe und Industrie wirft; daß es den Köhlerglauben aufgiebt, es könne nicht mehr existiren, wenn fernerhin nicht mehr M. A. Rothschild die Bundestagsfonds zu einem billigen Zinsfuß genießt; daß es endlich seine ganze wirthschaftliche Absperrungspolitik aufgiebt, und seine Thore dem Zuzuge für alle Welt (nicht etwa blos für oftbemeldete österreichische Literaten) weit öffnet. Hätte es das früher gethan, dann wäre es bei der außerordentlich günstigen Lage, unweit der Mündung des Hauptnebenflusses des Rheins, an dem Knotenpunkt des Völkerverkehrs, längst eine blühende Stadt von einer Viertelmillion seßhafter Einwohner, während es jetzt, in Folge seiner verkehrten Wirthschaftspolitik, auf 37,000 Seelen einhei-

m i f ch e r , d. h. in Frankfurt heimathberechtigter Bevölkerung, 39,000
Seelen Fremdlinge, welche sich dort nur „auf Permission" auf-
halten, zählt, so daß in der That numerisch die Heimathberechtigten
in der Minorität sind, und die in der Majorität befindlichen „Per-
missionisten" stets geneigt und bereit sind, die Stadt, welche ihnen
das Heimathsrecht und den Aufenthalt weigert, und an die sie durch
keinerlei Bande des Interesses oder der Sympathie gefesselt sind,
wenn derselben eine Kontribution, eine Steuerüberbürdung oder eine
sonstige Kalamität drohte, zu verlassen, davon zu eilen mit derselben
Geschwindigkeit, mit welcher der zwar sehr kriegsmuthige, aber dem
persönlichen Verkehr mit blauen Bohnen auf das Allerentschiedenste
abgeneigte hohe und durchlauchtigste Bundestag gen Augsburg floh,
non bene relicta parmula, sagt Horazius. Im gegenwärtigen Augenblicke noch würden, wenn Frankfurt seine Stadtthore öffnete, wenn es
seine Niederlassungsgesetze reformirte, wenn es dieselben Grundsätze
hinsichtlich der Zugfreiheit adoptirte, durch welche Berlin, Breslau,
Köln groß und reich geworden sind, die Klagen verstummen, welche
über das Leerstehen und die Entwerthung der Häuser, über die Kredit-
losigkeit des städtischen Grundbesitzes u. s. w. erhoben werden. Es
würden sich Käufer und Miether und folglich auch wieder Kapitalisten
finden, welche auf Häuser Hypothek leihen. Aber die Reform und der
allerernstlichste Eifer aller Betheiligten, sie durchzuführen, — denn
ohne diesen bleiben soziale Gesetze ein todtes Stück Papier — muß
vorausgehen. Erst muß man einsehen, daß man selber kein Ganzes
mehr bilden kann, und daher alle Ursache hat, sich als williges Glied
dem Ganzen anzuschließen, wozu man gehört. Erst wenn dies geschehen, erst wenn der Isolirungspolitik der definitive Abschied gegeben
ist, dann wird Frankfurt alle die Anziehungskraft ausüben, welche
seine reizende und vortheilhafte Lage, seine reichen wissenschaftlichen
und Kunstschätze, seine gemeinnützigen und philantropischen Institute,
seine Schul- und Gemeinde-Anstalten, sein Wohlstand und sein kor-
poratives Leben latent bereits in sich tragen.

„Alles begreifen heißt Alles entschuldigen", sagt irgendwo Ma-
dame von Staël-Holstein. Wer die Vergangenheit Frankfurts kennt,
das wohl eine nicht unrühmliche soziale, wirthschaftliche, kommunale,
korporative Geschichte hat, aber keine politische Geschichte
(denn es hat stets eine separatistische, centrifugale und geradezu anti-
staatliche Richtung befolgt), der wird begreifen und wohl auch ent-

5*

schuldigen, daß es ihm schwer wird, „die Kehr' zu kriegen", wie man
das in Frankfurt nennt.   Aber wenn er es wohl meint mit dieser
freundlichen alten Frankenstadt, dann wird er nicht müde werden, ihr so
hart und so scharf wie möglich vor den Kopf zu sagen, daß es Zeit,
daß es die höchste Zeit ist, „die Kehr' zu kriegen", und
sich nicht abermals, im Zustande des Verdrusses, der Verbissenheit, des
Schmollens oder einer weibisch-elegischen Trauerweidenstimmung,
durch falsche oder verkehrte Rathgeber 1868 in eine ähnliche Sack-
gasse hineinreiten zu lassen, wie 1832 durch den aus Borussophobie
abgeschlossenen Englisch-Frankfurtischen Zollbund. Hat doch Frankfurt unseres Wissens während der Zollvereinskrisis von 1862—64
bereits eine völlig korrekte preußenfreundliche Handelspolitik eingehal-
.ten. Warum also in der Politik noch schmollen, wenn man in der
Handelspolitik schon lange versöhnt ist. Auch hier „zwei Seelen in
einer Brust?"

Doch das Wohlwollen für Frankfurt, vielleicht auch — ich ge-
stehe es — der Aerger darüber, daß es beharrlich fortfährt, seine
Aufgabe zu verkennen, hat mich so weit fortgerissen, daß ich meine
Parallele schier vergessen habe. Kehren wir deshalb zu Benedig zurück.

Ich erinnere an meinen Vergleich der antiken Städte mit den-
jenigen des deutschen Mittelalters. Letztere hatten meist etwas spieß-
bürgerlich Banausisches, etwas Antistaatliches an sich. Erstere lebten
in der Politik und von der Politik und hatten von Haus aus die
Richtung, sich zu einem Staate auszubilden, auch selbst dann, wenn
sie vorzugsweise Handelsplätze waren, z. B. die Städte der jonischen
Inseln.   Der letzteren, der antiken Richtung folgten, abweichend von
den deutschen, verschiedene italienische Städte, wie z. B. Genua,
und vor allen Benedig. Letzteres erhob sich von einer Pfahl-
bauten-Stätte zu einer Stadt und von einer Stadt zu
einem Staate ersten Ranges; und als es 1866 über sich zu ent-
scheiden hatte, da verfuhr es nach dem entgegengesetzten Geschmack,
wie Frankfurt. Es verschmähte die behäbige Sonderstellung des
städtischen Partikularismus und ordnete sich mit Eifer
und Bereitwilligkeit der Nation und der Politik unter; es
unterwarf sich einer Dynastie, die zu einer Zeit, da die „bella Venezia"
schon weithin über Länder und Meere im Osten und Westen gebot,
nur erst über ein paar arme Ziegenhirten und Marmottenfänger in
einem unwirthlichen Gebirge regierte. Nicht nur die italienischen

Geschichtsschreiber Tentori, Quadri und Romanin erzählten von
Venedigs Ruhm und Größe, sondern die Literatur aller civilisirten
Völker des Erdenrunds, ein Daru unter den Franzosen, ein Heinrich
Leo und Leopold Ranke unter den Deutschen; und wenn man die
Geschichte Frankfurts neben die Venedigs stellt, so gleicht jene einem
behäbigen Hauszwerg in Schlafrock und Pantoffeln, diese einem
großen gekrönten Herrscher der Meere.

Frankfurt war — und daraus werde ich am allerwenigsten ihm
jemals einen Vorwurf machen — immer gut und friedfertig; höch=
stens schlug es dann und wann einmal aus gegen die wegelagernde
Ritterschaft des Taunusgebirges; aber auch Das nur, wenn es die
Kerls wirklich gar zu tolle trieben. Es hat im Laufe seiner langen
Geschichte niemals ein Gelüste gefühlt, den Staat zu spielen, oder gar
den erobernden Staat. Nur einmal hat es annectirt. Es war zur
Rheinbunds=Zeit. Da unterwarf ihm Napoleon I. die Gebiete von
Fulda, Hanau und Aschaffenburg. Aber Frankfurt war wirklich ganz
unschuldig daran; es wurde gar nicht gefragt; und es wollte von
Fulda, Hanau, Aschaffenburg so wenig wissen, als diese von ihm.
In Frankfurt verschwand der Staat hinter der Gesellschaft. Man
fühlte sich als „Borjer", aber als Stadt= und nicht als Staatsbürger.
Politisch wurde man von Paris oder von Wien aus regiert. Das
Stadtregiment war gemüthlich und bummelig, wie auch sonstwo.
Nach der Melodie „Thu mir nichts, ich thu' Dir auch nichts" trug
man mit Geduld die wechselseitigen Schwächen. Man raisonnirte
und schimpfte gerne, aber doch nur über auswärtige Zustände. Das
war ungefährlich. Das litt der Senat.

In Venedig dagegen ging der Mensch im Staatsbürger auf,
die Gesellschaft im Staat. Diese Stadt liegt nach Leo's Vergleich
gleich einem riesigen Schiff in den Lagunen vor Anker, San Marco's
Platz die große, die Piazetta die kleine Kajüte, der Campanile der
Mast, die Riva de Schiavoni das Verdeck; und wie ein Schiff ist
diese Stadt regiert worden von einer konsequenten, harten, klugen,
ungemüthlichen Aristokratie, die kein anderes Ziel vor Augen hatte,
als die Größe und den Ruhm ihrer Stadt, und die wußte, daß auf
dem Schiffe eine eiserne Mannszucht unentbehrlich ist. Diese von
Hause aus hochpolitische Stadt wurde ein großer Staat. Sie er=
oberte nicht nur Theile von Italien, sondern auch Kandia und andere
griechische Inseln, Konstantinopel (1202 unter Enrico Dandolo),

Morea, Korfu, Dalmatien, Istrien, sie vermittelte zwischen Orient und Occident und beherrschte beide.

Durch den Frieden von Campoformio verfiel Venedig der Fremdherrschaft Oesterreichs. Es trug dieselbe von Anfang an nur mit äußerstem Widerstreben.

Kaum hatte das Jahr 1848 Italien zu neuem nationalen Leben aufgerufen, so erhob sich auch wieder die Republik von San Marco, den Dictator Daniele Manin an der Spitze. Als in Italien die nationale Erhebung bereits niedergeworfen, als die Schlacht von Novara geschlagen, die Abdankung des Carlo Alberto erfolgt, als Pio Nono und die Franzosen in Rom eingezogen waren, da wehrte sich immer noch ritterlich der Löwe von San Marco. Manin hoffte auf Preußen und auf Ungarn. Unterhändler gingen zwischen ihm und Kossuth hin und her. Unterdessen wurde das Fort Malghera der Art beschossen, daß am 26. Mai 1849 die Venezianer den Schutthaufen räumen mußten. Der nordwestliche Theil der Stadt wurde mehr als drei Wochen lang mit einem ununterbrochenen Eisenhagel überschüttet. Dazu kam die Hungersnoth und die Cholera. Allein die stolze Königin der Meere harrte aus. Erst am 22. August 1849 kapitulirte Manin, nachdem vierzehn Tage vorher Görgey sich und sein Heer den Russen übergeben hatte und der letzte Hoffnungsschimmer geschwunden war.

Um dieselbe Zeit, wo Venedig an Oesterreich gelangte, oder etwas später, verfiel Frankfurt a. M. der französischen Fremdherrschaft. Napoleon I. verwandelte dann die freie Reichsstadt in ein Kleinfürstenthum; er unterwarf sie einem Großherzog. Das Großherzogthum Frankfurt wurde nur gebildet, sagt Clemens Perthes, weil Napoleon wollte, daß Carl Theodor von Dalberg einen Staat zum Regieren erhalte; nicht das Großherzogthum Frankfurt, nur der Großherzog von Frankfurt hatte ein politisches Dasein. Ein eigenthümliches Produkt der geistlichen Zwergstaaterei, dieser Freiherr von Dalberg, und zu gleicher Zeit der Urtypus des rheinbündlerischen Kleinfürstenthums. Betrachten wir uns denselben, weil er mit Frankfurts Geschichte untrennbar verwachsen ist, einen Augenblick näher, wenn auch nur im Vorübergehen.

Sohn eines kurmainzischen Statthalters in Worms, Bruder des durch Schiller bekannten Theater-Intendanten in Mannheim, bezog er mit fünfzehn Jahren die Universität Göttingen, wo er in zwei Jahren die gesammte Rechtswissenschaft, und dann Mainz, wo er in noch kürzerer Zeit die ganze Gottesgelahrtheit absolvirte. Nun war er fertig zur staatsmännischen Priester-Carriere, die damals für einen Mann von guter Familie zum Throne des Kirchenfürsten und Landesherrn führte. Damals, in jener guten alten Zeit! Acht und zwanzig Jahre alt war er Statthalter des Kurfürsten und Erzbischofs von Mainz in Erfurt, wo ihn Göthe kennen lernte, der seine endlose Geschwätzigkeit rühmte.

Dann wurde Dalberg Coadjutor von Mainz, Worms und Constanz mit der sicheren Aussicht, Kurfürst und Erzbischof in Mainz, Reichserzkanzler und Leiter des deutschen Reichstags zu werden. Die Erfurter Statthalterei behielt er daneben bei. Diese Häufung von Aemtern sicherte ihm ein colossales Einkommen. Neben diesen geistlichen und weltlichen Würden war er Präsident der Mainzischen Akademie der Wissenschaften, Illuminat, Seelsorger, Philosoph, Chemiker, Alterthümler, Pfleger und Mäcen aller erdenkbaren Künste und Wissenschaften. Ungefähr zu derselben Zeit schrieb er Beiträge zur Geschichte des Erfurter Handels, „Betrachtungen über ein altes Gefäß", chemische Versuche über die Frage, ob sich Wasser in Erde verwandeln lasse, christliche Betrachtungen über das Universum und den Entwurf eines Strafgesetzbuches.

Während er ein in den Wolken thronendes Handbuch der Aesthetik schrieb, brütete er über der Frage, wie man den Bauern feuerfeste Wohnungen und den Hausfrauen bessere Küchen verschaffen könne.

In der Politik war er noch weit vielseitiger. Anfangs preußisch und durch preußischen Einfluß zu einem Theile seiner zahlreichen Würden gelangt, schlug er sich 1797 auf die Seite Oesterreichs. Den bekannten Thugut'schen Aufruf vom 10. Februar beantwortete er mit einem bombastisch-enthusiastischen Schreiben: „Rom gehorchte seinem Dictator, Amerika seinem Washington. Erzherzog Karl sei der Retter Deutschlands. Alle Kassen, alle Fruchtböden (Kornspeicher) seien ihm offen".

Als er aber sah, daß Napoleon allein Herr der Situation war, sprang er eben so plötzlich zu diesem über. Zwischenzeitlig Kurfürst von Mainz geworden, rettete er dadurch — und zwar er allein von allen geistlichen Fürsten in Deutschland — seine landesherrliche Stellung. Sein erzbischöflicher Stuhl wurde 1803 von Mainz nach

Regensburg verpflanzt. Er wurde Liebling des Fürsten Talleyrand.
Der alte Gagern, der sich auf so was wohl verstand, sagte, Dalberg
habe „durch mannigfaltige Mittel‟ seine Erhaltung und Dotirung
betrieben. Als Kurfürst, Reichserzkanzler, Metropolitan-Erzbischof
und Primas von Deutschland fungirte er bei der Krönung Napoleons I., bei der Trauung des Prinzen Eugen, bei der Taufe Napoleons II. 2c. Er gab sich dazu her, den Vorschlag zur Gründung
des Rheinbunds zu machen, „damit durch Napoleon das Kaiserreich
des Occidents wiederhergestellt werde, wie es unter Karl dem Großen
bestand, als es aus Frankreich, Italien und Deutschland zusammengesetzt war‟. Er gab sich ferner dazu her, den Oheim Napoleons,
einen Corsen, der kein Wort Deutsch verstand, den Kardinal Fesch,
vor Kurzem noch Mehlmagazin-Aufseher in Rom und neulich erst
seiner Verwandtschaft halber vom Pabst zum Kirchenfürsten befördert,
zu seinem Coadjutor in Deutschland zu machen.

Zum Lohn dafür erhielt er das Großherzogthum Frankfurt und
die Präsidialgewalt im Rheinbund. Aber der hochgestellte Bundes-
Präsident erzitterte, als ihm eines Tags Eichhorn einen Brief Stein's
zusteckte. „Sie haben den Mann nicht genannt; ich darf ihn auch
nicht nennen; der Kaiser darf es nicht wissen‟, stotterte er. Und doch
nannte er Stein seinen Freund.

Sein Großherzogthum stand an Flächengehalt Nassau, an Ein-
wohnerzahl Oldenburg gleich. Obgleich er alle Verfassungen der
annectirten Territorien, alle Rechte der Kommunen und sonstigen
Korporationen, ohne sie durch irgend etwas zu ersetzen, aufhob, hörte
man nicht, daß die Frankfurter gegen ihn gemurrt oder damals
den Untergang ihrer republikanischen Konstitution beklagt hätten.

Anno 1813, zur Zeit der Schlacht bei Leipzig, verschwand er
plötzlich geräuschlos aus Frankfurt mit den Worten: „Das erste freie
Lüftchen führt mich wieder in Euere Mitte‟. Eichhorn rief ihm in
patriotischem Zorne nach:

„Schon vor der Ankunft der Verbündeten hatte er Land und
Leute im Stich gelassen und war mit seinem bösen Gewissen ge-
flohen‟.

Die Frankfurter aber waren zufrieden mit ihm; und in der
That war er durchaus nicht schlechter, als die Andern. Er blieb
Erzbischof von Regensburg und wurde dabei reich und alt.

Das ist die Geschichte von Dalberg und seinem Großherzogthum

Frankfurt. Venedig war kein Frankfurt, und Daniele Manin kein Freiherr von Dalberg.

So ging denn, nachdem die stolze Republik des S. Marco im August 1849 gefallen, Daniele Manin, welcher von der bei der Kapitulation gewährten Amnestie ausgeschlossen war, nach Paris in's Exil. Während er dort, jede Beihülfe verschmähend, durch harte Arbeit, durch Privatunterricht, seine und seiner Familie Existenz und Unabhängigkeit sicher stellte, sann er unermüdlich nach, wie seinem aus tausend Wunden blutenden theuren Vaterlande zu helfen sei. Und er fand, daß er und Mazzini auf falschem Wege gewesen seien, und daß nur durch die Pforte der Einheit zur Wiederherstellung der Nation und zur Freiheit zu gelangen sei. Er, der stolze und starre Republikaner, der ruhmvolle Diktator und Vertheidiger Venedigs, hatte Selbstüberwindung genug, seinen Irrthum zu bekennen und vom Exil aus seine Landsleute mit den beredtesten Worten zu beschwören, sie möchten das Ideal der Republik aufgeben und sich den realen Gewalten, dem Königreich Sardinien und dem König Victor Emanuel anschließen, denn nur auf diesem Wege gelange die Nation zur Einheit.

Manin starb in der Verbannung. Er erlebte nicht einmal das Jahr 1859, das zum großen Theile sein Werk war. Er glich der Fackel, die den Weg durch die Finsterniß gezeigt hatte und die erlosch, als der Tag zu dämmern begann. Aber seine Lehren waren nicht verloren gegangen, namentlich auch nicht für seine Vaterstadt Venedig, die sich 1866 gegen die „Republik von San Marco" und für die „Italia una" erklärt hat.

Werden unsere Landsleute in Frankfurt es übel nehmen, wenn ich sie bitte, sich Trost zu holen in Venedig, und etwa eine Parallele zu ziehen zwischen dem Diktator Manin und dem Senator Bernus?

Aber freilich, die Leser in Berlin oder sonstwo werden mich fragen: Wer ist der schon weiter oben erwähnte Bernus? Nun, die Frankfurter wissen es, und den Andern wollen wir es sagen.

Herr Bernus stammt aus einer Hugenottenfamilie, welche ihres Glaubens wegen den Süden Frankreichs verließ und in Deutschland ein Asyl suchte und fand. Sie ließ sich in Frankfurt nieder und gelangte dort zu Ansehen und Wohlstand. Ihr gegenwärtiger Chef zeichnete sich aus durch eine enragirt „großdeutsche" Gesinnung und

eine gute Küche. Er wurde von dem Kaiser von Oesterreich zum
Freiherrn gemacht. Sein Haus war das Centrum der österreichischen
Partei. Dort war es, wo der württembergische Minister Varnbüler, der später, bevor er gesiegt hatte, unkluger Weise sein ver-
frühtes Vae victis erschallen ließ, zur Zeit der Generalversammlung
des inzwischen entschlafenen „großdeutschen Reform-Vereins" die
Parole: „Lieber französisch, als preußisch" (i. e. Deutsch) wiederholte, die schon früher aus einem noch weit höheren Munde in
Schwaben „erflossen" und in dem „Württemberger Staats-Anzeiger"
in einer Reihe von Aufsätzen variirt worden war, über welche sich
später der inzwischen verstorbene Herr Pastor Faber in Stuttgart und
Herr Julius Fröbel (weiland radikales Mitglied der Paulskirche und
im November 1848 in Wien in Gemeinschaft mit Robert Blum, zu
Pulver und Blei verurtheilt, aber begnadigt) in der Augsburger
„Allgemeinen Zeitung" und in württembergischen Blättern mit einander herumzankten, indem ein Jeder die Ehre der Autorschaft von
sich ab- und dem Andern zuwälzte — wie Virgilus sagt:

> „— Arcades ambo,
> Et cantare pares et respondere parati."

Als die Preußen 1866 in Frankfurt einrückten, nahmen sie
Herrn Bernus nicht, wie dies 1849 die Oesterreicher in Venedig mit
Daniele Manin gethan, von der Amnestie aus. Er hatte daher auch
gar keine Ursache, in's Exil zu gehen. Auch gab er nicht, wie Manin,
Privatunterricht, denn er hatte es ja, abgesehn von andern Erfordernissen, gar nicht nöthig. Dagegen schrieb er an den Kaiser der
Franzosen und bettelte um dessen diplomatisch-militärische Einmischung
in die deutschen Angelegenheiten. Er protestirte gegen die Einverleibung Frankfurts, weil die Stadt keinen Soldaten in's Feld gestellt
und weil nur österreichische Literaten den Lärm in der Frankfurter
Presse gemacht hätten. Beides ist wahr. Aber die österreichischen
Literaten hätten nicht gelärmt, wenn das Frankfurter Publikum nicht
geklatscht hätte. Und die Stadt stellte keinen Soldaten, weil sie keine
Söldner hatte, die man brauchen konnte, und weil die Bürgerschaft
weder tauglich noch pflichtig, weder fähig noch willig zum Kriegsdienst
war, obgleich sie oft „Feigheit und Verrath" geschrieen hatte über
Diejenigen, welche dem zur Betheiligung am Kriege aufhetzenden klein-
staatlichen Maulheldenthum entgegengetreten waren. Der österreichische
Baron gab sein Frankfurter Bürgerrecht auf, griff zum Stabe,

schüttelte den Staub von seinen Schuhen und wandelte von dannen, indem er als Trost zurückrief: „Das erste freie Lüftchen führt mich wieder in Euere Mitte!" Von woher denkt der Baron (der, wenn wir nicht irren, auch den Hugenotten=Glauben abgelegt hat) soll wohl dies Mailüfterl' wehen? . . .

Fünftes Kapitel.

Centrifugal= und Centripetal=Kraft.

Motto:
„Die Kundigen glauben, die deutsche Einheit könne nur von Preußen ausgehn. Deßhalb habe ich, so lange Preußen als selbstständiger Staat fortbesteht, eine Vertretung in Frankfurt am Main für überflüssig erachtet."
Der amerikanische Präsident Taylor in der Jahresbotschaft vom 4. Dezbr. 1849.

Wenn ich meine Betrachtungen über den Frankfurter Schmerzensschrei und Verwandtes in dem gegenwärtigen Augenblicke (Herbst 1868) publizire, so bin ich mir vollkommen bewußt, daß ich dazu keinen ungünstigeren Zeitpunkt wählen konnte.

Im Laufe dieses Jahres ist die deutsche Entwickelung in das Stocken gerathen. Sie hat weder intensiv noch extensiv erhebliche Fortschritte gemacht. Die Mängel der Organisation der Bundesverwaltung sind, namentlich bei dem Vollzuge einzelner Gesetze, welche die Bestimmung haben, dem Absperrungssystem der Viel= und Kleinstaaterei, des polizeilich=fiscalischen und patriarchalisch=feudalen Zopfes, wenigstens auf wirthschaftlichem Gebiete ein Ende zu machen und, wie es Göthe in einem Gespräche mit Eckermann ausdrückt, „dem Deutschen das Bewußtsein zu geben, daß er auch außer seines engeren Vaterlandes überhaupt unter Deutschen zu Hause sei", mit hinreichender Deutlichkeit zu Tage getreten und von der über die „Ohnmacht" der sonst als so furchtbar verschrieenen Bundesgewalt jubelnden Koalition der antinationalen Sectirer mit Freuden begrüßt worden. Die Bundesverfassung bietet zwar die Mittel, diese Mängel zu heben und durch eine lebenskräftigere Organisation zu ersetzen. Allein nirgends tritt bis jetzt deutlich erkennbar die Absicht zu Tage, von diesen Mitteln Gebrauch zu machen.

Das Zollparlament hat ebenfalls noch nicht die erwarteten Früchte getragen. Trotz der deutschen Frühlingsrede Völk's und verschiedener Verbrüderungsfeste in Berlin, Kiel und Hamburg hat es den Anschein, als wenn der Norden und der Süden einander seitdem äußerlich nicht näher gekommen, und als wenn auch gerade das Zollparlament in seiner jetzigen Zusammensetzung nicht das beste und kürzeste Mittel wäre, diese Annäherung formell zu bewirken. Auch die Tarifreform ist in wesentlichen Stücken gescheitert, weil der Bundesrath unter sich allzu sehr getheilter Meinung war; weil die Partei im Zollparlament, in deren Hand die Entscheidung lag, vielleicht auch verstimmt über die laue Haltung der Regierung gegenüber der nationalen Aufgabe und der innern Reform, nicht geneigt war, zur Deckung vorübergehender Ausfälle bleibende Erhöhungen zu bewilligen, ohne daß, sei es auf politischem oder auf finanziellem Gebiete, irgend welche zureichende Kompensation geboten wurde; und weil ohne solche Erhöhungen die Zollbundesbehörde auf weitere Tarifreductionen, als die des österreichischen Vertrags, nicht eingehen zu können glaubte.

Der Bundeskanzler hat sich kurz nach Schluß des Zollparlaments von den Geschäften zurückgezogen und ist bis jetzt nicht wieder zu denselben zurückgekehrt. Nur sein einem süddeutschen Klerikalen entgegengeschleudertes stolzes Wort, „daß der Appell an die Furcht in deutschen Herzen nie ein Echo finde", hat kürzlich durch den Mund des Königs und Bundesoberhauptes die nachdrücklichste Bestätigung erhalten. Der Präsident des Bundeskanzler-Amtes hat ebenfalls einen längeren Urlaub angetreten. Außer den Arbeiten, welche der Eintritt Mecklenburgs und Lübecks in den Zollverein nöthig macht, scheint Dringliches augenblicklich den Bundesbehörden nicht vorzuliegen.

Auch die Reformen im Innern der Monarchie überstürzen sich durchaus nicht. In den neuen Provinzen sind die Provinzial-, Kommunal- und Kreisstände, die zwar mit Vertrauensmännern berathen worden sind, aber keineswegs in allen Stücken dem Votum derselben entsprechen (namentlich in Hessen und Nassau), nur sehr langsam und spät in's Leben getreten, und es ist nichts geschehen, um ihre Existenz mit einem lebenskräftigen Inhalte zu füllen. Die Assimilirung zwi-

schen den älteren und den neueren Landestheilen hat wenig Fortschritte gemacht. Die neuen Provinzen befinden sich keineswegs
in rosenfarbener Laune; und auch in den alten hegt man durchaus
nicht übertriebene Erwartungen von der für den nächsten Landtag in
Aussicht gestellten Kreisordnung, während man die Hoffnung auf weitere legislative Reformen im Sinne der Dezentralisation und Selbstverwaltung vorerst aufgegeben zu haben scheint.

Wenn ich Angesichts dieses Zustandes, den ein Pessimist den
entschiedensten Rückschritt und ein Optimist eine etwas lange dauernde
Erholungspause nennt, es wage, öffentlich Protest zu erheben gegen
den Frankfurter Schmerzensschrei, so beruht dies nicht auf einem
bloßen Gelüste, gegen den Strom zu schwimmen, sondern auf der
lebhaftesten Ueberzeugung von der Nothwendigkeit, über dem Ver-
gänglichen nicht das Bleibende, über dem Trennenden nicht das Ver-
einigende und Gemeinsame aus den Augen zu verlieren, und nicht
aus Verstimmung über jene Erscheinungen gemeinsame Sache zu
machen mit unseren Feinden, mit den Feinden der nationalen Einheit, welche, soweit es in ihren Kräften steht, Urheber jener Erscheinungen sind, dieselben mit Freuden begrüßen und zu ihren antinationalen Zwecken ausbeuten.

Die Stockung im Innern ist eine Folge der Spannung nach
außen. Deutschland ist über Nacht eine wirkliche Großmacht geworden. Ein solcher Parvenü wird gehaßt, angefeindet, beneidet. Jeder
versucht, ihm einen Stein in den Weg zu legen und freut sich, wenn
er darüber strauchelt. Durch seine eigene Kraft und Tüchtigkeit muß
der Parvenü sich die eroberte Stellung sichern und befestigen. Dies
wird ihm natürlich erschwert, wenn ein Theil der eigenen Kinder mit
neidischen Nachbarn und widerwilligen Dienstboten konspirirt; und
dadurch, daß er alle Aufmerksamkeit nach außen richten muß, wird er
zuweilen den häuslichen Angelegenheiten entfremdet. Ein solches
Uebergangsstadium ist unbehaglich. Aber deshalb soll man alle Kräfte
aufbieten, es abzukürzen. Wer aber auf dem Marsche durch die Wüste
ewig rückwärts blickt und jeden Augenblick eine Verschwörung anzet-
telt, der hemmt den Marsch und vermehrt die Beschwerden, welche erst
dann aufhören, wenn das Ziel erreicht ist. Erst wenn die Aufgabe
der Rekonstruktion Deutschlands im Sinne der Einheit vollständig
gelöst ist, — sei es ohne Krieg oder durch Krieg und Sieg über
Diejenigen, welche sich dabei uns in den Weg stellen und sich in

unsere häuslichen Angelegenheiten einmischen — erst dann wird die
Militär- und Steuerlast, welche uns jetzt drückt, aufhören; und gerade Diejenigen, welche die Lösung jener Aufgabe durch ihr sectire-
risches, separatistisches antinationales Gebahren und durch ihre Ver-
brüderung mit allen feindseligen Mächten im In- und im Auslande
erschweren und verzögern, sie sind die wahren Urheber jenes von ihnen
so verschrieenen Druckes und die Ursache, daß er nicht aufhört. Sie
haben ihre Freude daran; und doch ist die Hoffnung, daß die Depossedirten Nutzen daraus ziehen könnten, so thöricht.

Wer da behauptet, in den neuen Provinzen existire der ernst-
hafte Wunsch, die Depossedirten auf ihre Throne zurückzuführen um
den Preis eines Bürgerkriegs oder einer Katastrophe von außen —
und nur um die sen Preis wäre die Restauration möglich, wenn-
gleich nicht wahrscheinlich — der täuscht sich und Andere —
Andere, die unvernünftig genug sind, schweres Geld dafür auszugeben,
daß sie belogen werden. Angesichts der allgemeinen Wehrpflicht, die
einen nationalen Kitt von seltener Kraft bildet, wird selbst im Falle
irgend einer Katastrophe die Zahl Derer, welche sich berufen fühlen,
ihre Haut für die Depossedirten zu Markte zu tragen, so außerordentlich gering sein, daß sich jeder Versuch zur Ausführung eines solchen
krankhaften Gelüstes von selber verbietet.

Die Bevölkerung in den neuen Provinzen ist durchaus nicht
feindselig gegen die neue Dynastie. Sie wünscht nicht von einem
Andern, sondern sie wünscht, anders regiert zu werden. Sie
liebt den neuen Monarchen, aber etwas weniger die neue Bureaukratie.

Allerdings spielen unklare Velleitäten zu Gunsten vergangener
Dinge eine nicht unbeträchtliche Rolle. Ein so plötzlicher und rascher
Ruck, wie der von 1866, war nicht möglich ohne eine gewaltige Erschütterung, welche die Erdoberfläche zerklüftet und zerreißt und mit
ihr manche lieb gewordene Gewohnheit. Das deutsche Volk ist gut-
müthig. Wie oft hat es die furchtbaren Mißhandlungen vergessen,
die es erduldet. Haben doch sogar in den Jahren 1803 und 1815
die Unterthanen kleiner weltlicher und geistlicher Dynasten sich erhoben, um sich gegen das Hannoverisch-Werden oder Nassauisch-
Werden zu widersetzen. Hat man ja doch etwas später in Kurhessen
eine Revolution versucht, um eine Dynastie wiedereinzusetzen, welche
es als ihren ersten Beruf ansah, sich durch einen Menschenhandel zu
bereichern, welchen sie mit ihren Unterthanen trieb.

Die gegenwärtigen Uebel werden natürlich stets härter empfunden, als die der Vergangenheit. Von der letzteren bleibt nur das Gute im Gedächtniß, um eine immer verklärtere Gestalt anzunehmen. Die Leiden werden vergessen; und fünfzig Jahre später spricht man von der „guten alten Zeit", während damals als diese nun gepriesene Vergangenheit noch Gegenwart war, die Zeitgenossen solche verwünschten *). Zudem hat für ein weiches Herz und eine erregbare Phantasie das Untergehende einen eigenthümlichen Zauber. Ein Gebäude, welches so lange es erhalten war, bei Jedermann für häßlich galt, imponirt als Ruine, denn die „Romantik des Verfalls" hat es mit ihrem Nimbus umkleidet. Aber die Gesetze der Weltgeschichte sind andere, als die der Poesie.

Wir nichtpreußischen Deutschen haben seit Jahrhunderten als Volk keine Rolle mehr in der Geschichte gespielt. Wir hatten keinen Staat. Wir kümmerten uns um die Interessen unserer Landschaft, unseres Kreises, unserer Stadt, unserer Dorfgemeinde, unserer Familie, unseres Haushalts. Auch die idealen Interessen waren uns nicht fremd. Wir kultivirten nach Kräften Kunst und Wissenschaft. Endlich traten wir, aufgerüttelt durch die Fremdherrschaft, auch der Idee der politischen Einheit unserer Nation nahe. Eine mächtige Regung für dieselbe ergriff im Jahre Acht und vierzig die deutschen Herzen. Sie blieb resultatlos; denn die deutschen Köpfe waren noch zu unklar. Die Bewegung erneuerte sich nach dem italienischen Krieg von Neun und fünfzig, der uns wieder die Frage unserer nationalen Existenz so nahe legte. Aber unsere Liebe zur Einheit war gleich der zur Wissenschaft nur eine ideale, eine rein platonische. Als uns der so heiß begehrte Gegenstand unserer Liebe in seiner ganzen Realität entgegentrat, als wir ihn sahen, diesen nationalen Staat, da bemerkten wir mit Schrecken, daß er nicht die geringste Aehnlichkeit habe mit jenem von uns angesungenen „süßen Engelsbild", mit jener „Freiheit, die ich meine, die mein Herz erfüllt"; und sogar bezüglich der letzteren, bezüglich der Freiheit, hatten wir ja schon längst auf die

---

*) Wenn Spanien von Deutschen bewohnt wäre, so würde nach kurzer Frist schon die „spanische Volkszeitung" die schönen Tage der unschuldigen Königin Isabella zurücksehnen und die Mitglieder der allerentschiedensten fortgeschrittensten Linken würden Flugblätter, verfaßt von Don Presero, vormaligem Theater= und jetzigem Hof=Sekretär Ihrer Majestät, zu Gunsten ihrer Restauration im Lande verbreiten.

Realisirung verzichtet und uns mit dem Troste begnügt, den uns der
romantische Dichter Max von Schenkendorf spendete, daß sie sich nämlich „nicht mehr zeigen wolle der profanen Welt", und daß es vollständig genüge, wenn sie „führe ihren Reigen an dem Himmelszelt".
Wir sahen, wie der Nationalstaat nicht nur den Oelzweig führt, sondern auch das Schwert, wie er nicht nur Wohlthaten erweist, sondern
auch Opfer erheischt. Und sofort nahm ein Theil unserer Bevölkerung die Miene an, als wolle sie nun jene Einheit, nach welcher sie
so lange theoretisch geschmachtet, in dem Augenblicke, wo sie im Begriff stehe, sich praktisch zu realisiren, schnöde zurückweisen und die
reale Erscheinung für einen untergeschobenen Wechselbalg ausgeben,
weil sie keine bloße Abstraktion, kein Ideal mehr sei. Gestört in
seiner platonischen Illusion will man plötzlich dem angestrebten Ziele
den Rücken kehren, weil es ohne Opfer nicht zu erreichen ist; weil der
Weg, der uns doch unter allen Umständen nicht geschenkt wird (denn
wir müssen ihn zurücklegen, oder untergehn), im Anfang etwas
steil und beschwerlich erscheint, will man auf halbem Wege umkehren
und sich wieder ausschließlich den Klein-Interessen des häuslichen
Stilllebens, den Liebhabereien des Privatmanns, dem Erwerbe und
dem Vergnügen zuwenden.

„O dieser Großstaat", ruft man auf der e i n e n Seite, „dieser
Moloch, der Alles verschlingt; der ohne Aufhören Blut und Geld
fordert; der A l l e s über e i n e n Kamm schert; der unsere Laren und
Penaten, unsere Alter- und Heiligthümer, unsere Zunft und unseren
Zopf antastet; der sich in Alles mengt, in Schule und Kirche, in Gemeinde und Haus, dessen Beamten so rücksichtslos, dessen Formen so
steif, dessen Prozeduren so hart sind, der Alles bureaukratisiren, reglementiren, regulativiren, nivelliren, mechanisiren will; dieser Egoist,
der nichts anerkennt als sich selbst, der keine Idee davon zu haben
scheint, daß außer dem Staate noch die bürgerliche und wirthschaftliche
Gesellschaft existirt, die ihr eigenes Recht hat".

Von der a n d e r e n Seite tönt es zurück: „Was wollt Ihr mit
Euerer Gesellschaft, wenn nicht unser Staat sie gerettet hätte? Wer
hat die westliche Grenze gegen die Romanen, wer hat die östliche
gegen die Slaven gehütet, wer hat die Fremdherrschaft abgeschüttelt,
wer anders als unser Staat? Wer hat den Rheinstrom, der verödet
und vereinsamt war unter der Herrschaft der weltlichen und geistlichen
Zwergstaaterei, die ihn nicht zu schützen vermochte, die um kleinen

persönlichen Gewinnes willen seine Ufer an das Ausland verschacherte,
wer hat ihn wieder erobert, wer hat ihn bislang gehütet, wer ihn von
den Fesseln der Zölle erlöst, wer hat ihm die Freiheit seines Verkehrs,
wer hat ihm die Zeit seiner Blüthe wiedergegeben? Wer hat die
Stadt Köln, am Ende des vorigen Jahrhunderts ein heruntergekom=
menes altes Nest, nur von Priestern und Bettlern bewohnt, zur
Handelsmetropole des Westens gemacht? Wer hat den Osten kulti=
virt, civilisirt, germanisirt, wer hat Sumpf und Haide, Moor und
Sand in blühende Fluren verwandelt, wer hat aus einem Dorfe
slavischer Fischer und aus einem Städtchen deutscher Schiffer die
größte Stadt Deutschlands, einen Hauptsitz des Handels und der
Industrie, die Kapitale des norddeutschen Bundes, den Sitz des
Reichstags und des Zollparlaments gemacht? Unser Staat war es,
den Ihr den Alles verschlingenden Moloch nennt. Und wer schreit
am lautesten nach Dezentralisation? Jene süddeutsche Volkspartei,
welche Deutschland in Kantönli und Duodez=Republiken zertrümmern,
welche Preußen demüthigen will und wäre es auch an der Seite des
Fremdlings. Wer geifert am Meisten gegen unsere Heere? Wer
empfiehlt uns mit süßen Worten die Annahme des Schweizer Miliz=
Systems? Es sind die nämlichen Leute, welche uns in öffentlicher
Versammlung ein zweites Jena wünschen, welche im Jahre Sechs und
Sechzig predigten, die Episode Friedrichs des Großen müßte rück=
gängig gemacht und Preußen auf die Mark Brandenburg reduzirt
werden. Wollt Ihr von uns verlangen, daß wir uns Raths erholen
bei unseren Feinden? Könnt Ihr uns unter solchen Umständen übel
nehmen, wenn wir uns auf gewagte Experimente nicht einlassen, wenn
wir das alte bewährte Haus nicht abreißen, ehe das neue ganz fertig
ist, wenn wir nur vorsichtigen und zögernden Schrittes vorschreiten
und warten wollen, bis erst die neuen Provinzen mehr von altpreußi=
schem Geiste erfüllt sind?"

Meines Erachtens ist das Recht weder auf der einen, noch
auf der andern Seite. Hier wie dort läßt man sich zuviel von der
Stimmung des Augenblicks leiten. Hier wie dort darf man nicht
mißtrauisch Halt machen. Das Wahre liegt in der Mitte, und nur
wenn man mit Festigkeit und mit Vorsicht, nicht verwegen und nicht
verzagt (nec temere nec timide) vorwärts geht, wird man den Punkt
erreichen, auf welchem die Interessen der einen und die der andern

Auffassung, die wahren Interessen von Staat und Gesellschaft harmoniren.

In Preußen hat man vielleicht zu viel den Begriff der Gesellschaft, in dem übrigen Deutschland hat man ohne Zweifel den Begriff des wirklichen Staates, des Nationalstaates, verloren. Es taugt nichts, daß der Staat die Gesellschaft absorbirt. Aber eben so wenig darf die Gesellschaft den Staat über Bord werfen; sonst giebt die Nation ihre Existenz dem Zufall und der Laune der Nachbarn preis.

Die Versöhnung beider Richtungen liegt in einer, dem Geiste unserer Nation und unseres Jahrhunderts entsprechenden Grenzregulirung zwischen Staat und Gesellschaft, in der Herstellung des richtigen Verhältnisses zwischen Centripetal= und Centrifugal=Kraft. Wie bei den Weltkörpern so halten auch bei den Menschen und den Völkern diese nach entgegengesetzten Richtungen treibenden Gewalten einander gegenseitig im Schach. Wir finden jedoch bei den verschiedenen Nationen, daß bald die eine, bald die andere Gewalt ein wenig überwiegt und daß daher das hierdurch bedrohte Gleichgewicht durch passende Institutionen wieder hergestellt werden muß, welche die Einheit des Staats und die Freiheit der Gesellschaft zugleich garantiren.

Bei der germanischen Race wiegt die centrifugale, bei der romanischen die centripetale Richtung vor. Jene ist geneigt, die persönliche Unabhängigkeit höher zu stellen als die gemeinsamen Interessen des Staats; diese ist bereit, die bürgerliche Freiheit dem Staate zum Opfer zu bringen, wenn sie die Existenz des letzteren bedrohet glaubt. Dort liegt die Gefahr der Zerstückelung, hier die der Centralisation nahe. Dort müssen die Institutionen der Gefahr des Auseinanderfallens, hier der eines zu starken Zusammenziehens vorbeugen.

In Frankreich hat man die Gefahr des Ueberwiegens der Centripetalkraft richtig erkannt.. Eine patriotische Schule einsichtsvoller Politiker predigt die Decentralisation und entnimmt die Beispiele, welche sie als Muster aufstellt, den Einrichtungen der amerikanischen Union.

In Deutschland wird man nicht müde, diese französische Schule zu kopiren, und, weil allerdings in Frankreich sehr triftige Gründe vorliegen, die centripetale Kraft der Nation zu mäßigen, nun auch in Deutschland den Föderalismus als Universalheilmittel anzupreisen, während hier gerade der entgegengesetzte Fall vorliegt, während doch die Krankheit, an der unsere Nation gelitten und zum Theile noch leidet, ihre Ursache nicht in der anziehenden, sondern in dem Uebergewicht der auseinander treibenden Kraft hat. Wenn eine möglichst lose Beschaffenheit des föderativen Bandes die Arznei gewesen wäre, um unseren Schwächezustand zu curiren, so hätten wir fürwahr während der fünfzig Jahre, in welchen wir uns der ärztlichen Behandlung des Frankfurter Doctor Bundestag zu erfreuen hatten, die ersehnte Genesung ganz sicher gefunden. Allein die Erfahrung lehrt uns, daß wir uns nie elender befanden, als wenn ein an die Auflösung und den Vaterlands=Verrath grenzender loser Föderalismus florirte, und nie gesunder, als wenn wir eine kräftige Centralgewalt hatten, welche, wie ich zu zeigen versuchen werde, durchaus nicht unvereinbar ist mit Selbstverwaltung und Decentralisation für die Angelegenheiten der bürgerlichen und wirthschaftlichen Gesellschaft.

Ich habe dies in den vor etwa einem Jahre von mir publizirten „Vier Briefen eines Süddeutschen an den Verfasser der Vier Fragen eines Ostpreußen" (in der Einleitung) an dem Verlaufe der deutschen Geschichte näher nachzuweisen versucht und will hier nicht wieder darauf zurückkommen. Ich werde hier nur als zweiten Beleg die neueste Geschichte der amerikanischen Union anführen, eines zusammengesetzten Staats, in welchem sich Centripetal= und Centrifugalkraft das Gleichgewicht zu halten bestimmt sind, wie bei uns.

In dem Vierteljahrhundert, welches dem Ausbruch des amerikanischen Bürgerkrieges vorausging, bewegte sich in der Union Alles in centrifugaler Richtung. Ein Blick in die Zeitungen jener Periode liefert uns den schlagendsten Beweis. Von den Rechten des Ganzen und den Pflichten gegen dasselbe war nirgends die Rede, sondern nur von Rechten der Gesellschaft und der einzelnen Gesellschafts=Klassen; von Rechten der Einzelstaaten, der Territorien, der Grafschaften und der Städte; von Rechten der Kirchen und Religionsgesellschaften, der Tempel und der Kapellen*); von Rechten der Person, des Geschlechts und der Race; von dem Rechte der Selbstbestimmung, der Arbeit, der

---

*) Merkwürdiger, aber begreiflicher Weise ist die ultramontan=welfische Partei, so centralisationswüthig sie auf kirchlichem Gebiete ist, ebenso centrifugal auf dem staatlichen. Sie will eine starke Kirche, die den schwachen Staat beherrscht, während sie doch, wenigstens in Europa, die Handlanger= und Bütteldienste des letztern gar nicht verschmäht, sondern als selbstverständlich entgegennimmt.

Separation und der Profession; von dem Rechte des Cölibats, der Polygamie und der Pantagamie; von den Rechten der Weißen, der Indianer und der Neger; von den Rechten der Weiber und der kleinen Kinder. Für diese Namen, welche nur einen Theil der die öffentliche Meinung beherrschenden und zerklüftenden Separationsgelüste repräsentiren, erhitzte sich das Publikum. Niemand dachte an die Union, an die Einheit, an die Pflicht, diese zu erhalten. Niemand kümmerte sich um die Centralgewalt, Niemand als die Stellenjäger, Lieferanten und Speculanten, welche durch Gönnerschaft zu Geld oder zu Macht gelangen wollten.

Eine staatsfeindliche Demokratie, die Demokratie des Südens, hatte sich in Amerika des Staatsruders bemächtigt, um die Gesellschaft zu terrorisiren und dadurch ihre Standes- und Sonderinteressen zu fördern. Sie erzwang dort eine naturwidrige soziale Ungleichheit, wie sie in Deutschland in Gemeinschaft mit den Kommunisten eine naturwidrige soziale Gleichheit erzwingen will; dort um die Junkerherrschaft der Plantagenbesitzer, hier um die Diktatur einiger ochlokratischer Führer zu fördern; dort um die Menschenrechte der Schwarzen solchen Weißen zu opfern, die kaum noch Menschen waren, hier um die Reichen arm, aber dabei die Armen noch ärmer und Alle gleich unselbständig zu machen. Dort wie hier als Ziel die Omnipotenz einer Kaste.

Unter der Herrschaft dieser krankhaft gesteigerten Centrifugalkraft mußten die Interessen des Gesammtstaates (der Union) denen des Einzelstaats, die des Einzelstaats denen der Grafschaft, die der Grafschaft denen der Kommune, die der Kommune denen des Individuums weichen. Das Sonderinteresse überwog das öffentliche. Die Partei stellte man über das Vaterland. Unter Unabhängigkeit verstand man Schwächung der Centralgewalt, unter Freiheit Auflösung des nationalen Verbandes.

Die nothwendige Folge dieser Zerrüttung, welche die Gegensätze wachsen und zusammenstoßen machte, konnte keine andere sein, als der Bürgerkrieg, der ein schreckliches Gericht hielt über jene separatistischen Gelüste und der Nation das Bewußtsein der Nothwendigkeit der Einheit zurückgab. Hätte sie es nie verloren, dann würde sie sich die Gräuel des vierjährigen inneren Kriegs erspart haben, welcher den Boden verwüstet, das Kapital verbraucht, die Verkehrsanstalten zerstört, die Bevölkerung dezimirt, die Staatsschuld, die Steuern und

die Eingangszölle zu einer wahrhaft unerträglichen Höhe empor-
geschraubt, das wirthschaftliche Leben mit der Pest der Valuta-
Störung, der nothwendigen Folge der Assignaten-Wirthschaft (des
uneinlösbaren Papiergelds mit Zwangscours) heimgesucht hat, und
ohne jene elastische Jugendkraft und Frische, wodurch sich Land und
Leute in Amerika vor denen in Europa auszeichnen, ohne Zweifel den
Staat wie die Einzelnen dem General-Bankerott entgegengeführt
haben würde. Um von den Ausartungen des separatistischen Geistes
geheilt, um von dem Terrorismus der staatsfeindlichen Demokratie
des Südens befreit zu werden, mußte die Union diesen Preis bezahlen. Der Preis ist furchtbar hoch. Aber zu hoch ist er nicht.

Wir in Deutschland können diesen Preis uns sparen, wenn wir
uns die Erfahrungen des großen amerikanischen Bundesstaats zu
nutze machen, wenn wir nicht der Ansicht gewisser Wiener Schützen-
Redner und des österreichischen Ministerpräsidenten Fürsten Schwarzen-
berg sind, welcher letztere sich dessen zu berühmen pflegte, „daß er aus
der Geschichte nichts lernen könne".

Wir haben außerdem noch das Beispiel der uns benachbarten
und ebenfalls stammverwandten Schweiz vor uns, die sich erst seit
ihrer im unitarischen Sinne vollzogenen Verfassungs-Reform von
Achtundvierzig entwickelungsfähiger, ruhiger und geordneter Zustände
erfreut, während früher der partikularistische Kantönligeist jede gemeinsame Reform, jede wirthschaftliche Freiheit und jede Verbesserung,
mitinbegriffen die Erbauung von größeren Eisenbahnstrecken, unmöglich machte. Auch dort hatte, wie heute bei uns, die mit den
Klerikalen verschmolzene Demokratie der Urkantone sich gegen das
Einheitswerk verschworen und die Einmischung des Auslands provozirt, scheiterte aber, bevor sich letzteres entschließen konnte, höchst
kläglich nach einem ihrer Seits unrühmlich geführten Kriege. Auch
nach Errichtung einer gemeinsamen Bundesregierung versuchte noch
öfters der Kantönligeist in sonderbündlerischer Richtung zu putschen,
zu revoltiren und mit dem Auslande zu konspiriren; allein diese er-
folglosen Bestrebungen, welche unter der Firma der Freiheit den
reaktionären Zopf und mit dem Gemeinwohl unvereinbare Sonder-
interessen vertheidigen, werden im Laufe der Zeit immer seltener und
schwächer.

Endlich unser nächstliegendes Beispiel sind wir doch · selbst.
Wollen wir das Jahr Sechsundsechzig repetiren? Haben wir nicht

mit e i n e m inneren Kriege genug? Sollte die Behauptung des Julius
Cäsar, daß die Deutschen sich nicht lieber und nicht besser schlagen,
als gegen Deutsche, auch nach achtzehnhundert Jahren, Angesichts
unserer heutigen Bildung und Civilisation, Angesichts unserer zwei-
tausendjährigen Erfahrung immer noch eine traurige Wahrheit sein?
Wollt Ihr heute wieder denselben Schönrednern und Volksschmeichlern
folgen, die Euch vor zwei Jahren in den Krieg hetzten? Dieselben
Menschen, die Euch damals vorlogen, die preußische Armee sei eine
von unkundigen Offizieren geführte hungernde und schlechtgekleidete
Masse, die am Liebsten die Gewehre wegwürfe und nach Hause liefe,
jedenfalls aber außer Stande sei, dem ersten Anprall der Oesterreicher Widerstand zu leisten? Wollt Ihr Euch wieder bethören und
in's Unglück stürzen lassen durch die nämlichen Leute, welche Euch
damals den Volkskrieg „mit der nächtlichen Axt" predigten, aber an
demselben Tage sich um einen Paß in das Ausland bemühten, welche
Mittags Euch im Namen des Vaterlandes beschworen, E u e r e n
letzten Blutstropfen im Kampfe gegen den preußischen Rechtsbrecher
zu opfern, s e l b st aber am selbigen Abend schon auf der Eisenbahn
saßen, um in die „freie" Schweiz zu fahren, dieweil Vorsicht der
bessere Bestandtheil der Tapferkeit sei? Wenn je der Unverstand wieder
so weit gehen sollte, so rechnen wir doch noch auf das deutsche Heer
und die deutschen Offiziere, namentlich auf die süddeutschen, welche
einen zu hohen Begriff von ihrem Berufe haben, als daß sie sich zu
Werkzeugen einer Bewegung hergeben, deren Motiv nur entweder
Blödsinn oder Vaterlandsverrath sein kann.

* * *

Auf der andern Seite aber wird Niemand bestreiten können, daß
das Preußen von 1868 nicht mehr so regiert werden kann, wie das
Preußen des Königs Friedrich Wilhelm I., welches 2000 Quadratmeilen und 2¼ Millionen Einwohner zählte. Allerdings hat der
wohlmeinende und aufgeklärte Absolutismus sich in dem vorigen Jahrhundert in Preußen große Verdienste um das eigene Volk und um die
nationale Entwickelung Deutschlands erworben. Er hat Ruinen und
Schutt, die das sinkende Mittelalter zurückgelassen, abgetragen und
mit eisernem Besen weggefegt, er hat die durch den dreißigjährigen
Krieg zu Boden getretene Nation wieder gehoben, die zersplitterten

Kräfte gesammelt, die bürgerliche Gesellschaft, welche in sich zusam=
mengebrochen war, wieder aufgerichtet, zwar bevormundet, aber auch
geschützt und ihr durch eine manchmal vielleicht allzu strenge Erziehung
die Energie, die Disziplin und den sittlichen Halt wiedergegeben,
welchen sie eingebüßt hatte. Dank den trefflichen Leistungen des Vor=
mundes ist aber die Vormundschaft heute überflüssig geworden. Wenn
der Absolutismus über die Zeit und über die Mission, die ihm be=
stimmt ist, hinaus conservirt wird, dann hört er auf wohlmeinend
und aufgeklärt zu sein, um grillenhaft und romantisch = talmudistisch=
byzantinisch = scholastisch=alexandrinisch zu werden. („Eine geschmack=
lose Bezeichnung!" — Jawohl, aber für eine geschmacklose
Sache!)

In Preußen hat man das endlich (freilich zum großen Schaden
unserer Entwickelung um ein Menschen=Alter zu spät), eingesehen;
man hat dem Volke das Recht der Mitwirkung in der Politik und
der Gesetzgebung eingeräumt. Aber neben dem konstitutionellen König
und den Kammern steht noch die alte Maschinerie des Absolutismus,
welche gegenüber der bürgerlichen und wirthschaftlichen Gesellschaft im
Wesentlichen noch auf dem Standpunkte des Bevormundungs=Systems
von 1739 verharrt, und namentlich in den neuen Provinzen um so
übeler empfunden wird und um so heftigere Reibungen hervorruft,
als man dort Dergleichen nicht gewöhnt ist. Nicht als ob in Han=
nover, Kurhessen, oder Nassau, kein furor gubernandi, kein morbus
bureaucraticus existirt hätte, — in Kurhessen wirkte er sogar dop=
pelt schädlich, weil an der höchsten Stelle die Sucht, Alles an sich
zu reißen und Nichts zu erledigen, herrschte —, aber die kleinstaat=
liche und auch die südliche Bureaukratie ist eine andere, als die preu=
ßische. Sie ist eben so laß und widerstandsunfähig, nach oben wie
nach unten, wie die preußische stramm und agressiv ist. In ihren
Prätensionen vielleicht noch weiter gehend, als die preußische, hat die
südlich = kleinstaatliche Bureaukratie weder die Willenskraft noch die
Mittel, diese Ansprüche bis in alle Konsequenzen durchzuführen. Sie
ist mit dem besser situirten Theil der Bevölkerung, mit dem sie bum=
melt und kneipt und dem gegenüber sie gemüthlich „ab= und zuzugeben
weiß", frère et compagnon und ihr Gewicht drückt mehr nur auf die
unteren Schichten der Gesellschaft, deren Klagen weniger Gelegenheit
haben, laut zu werden. Dazu kommt, daß die preußische Bureau=
kratie, selbst unter den conservativsten Ministern, einen fast französisch=

revolutionär zu nennenden Hang zum Uniformiren, Nivelliren, Reglementiren und (schreckliches Wort!) „Regulativiren" hat, der in
Westdeutschland, in dem Sachsen- und Frankenlande weit mehr Anstoß
erregt, als östlich der Elbe, weil auf jenem von Alters her durch
autonome Kommunen bebauten Boden weit mehr lokale Selbstverwaltung und örtliche Mannigfaltigkeit bestanden und sich theilweise bis zur
Gegenwart erhalten hat, als in einem erst weit später kolonisirten
Lande, das seine Entwickelung zum großen Theile der Staatsregierung
verdankt. (Vergl. Immermann, Epigonen. II. S. 302 u. ff.)

Bei vielen dieser Eigenthümlichkeiten des Westens läßt sich
streiten, ob sie berechtigte sind. Aber so weit sie nicht in Widerspruch
stehen mit den Interessen des gemeinsamen Ganzen, soweit sie nicht
das eigentliche Gebiet des Staats im engeren Sinne berühren, soweit es sich nur um Angelegenheiten der Gesellschaft, eines lokalen
oder wirthschaftlichen Verbandes, der Schule und der Kirche handelt,
soweit wohlerworbene Rechte in Frage stehen, oder es auch nur den Anschein hat, als kämen solche in Frage, soll man gar nicht untersuchen,
welche Einrichtung ist besser, die der alten, oder die der neuen Provinz,
sondern man soll Jeglichem Das lassen, was seinem Geschmacke und
seinen Gewohnheiten am Meisten zusagt. Nachdem man gegenüber
den Souverainen der neuen Provinzen mit, ich will nicht sagen einem
Uebermaße, aber doch mit dem äußersten Grade von Loyalität und
schonender Rücksicht gehandelt und hierfür von ihnen so wenig Dank
geerntet hat, mache man doch einmal den gleichen Versuch mit der
Bevölkerung, und man wird einen weit besseren Erfolg davon haben.
Namentlich aber ist nichts bedenklicher, als **auf dem Wege der
Verwaltung** die dort bestehenden Partikulargesetze, statt sie, wenn
und soweit man dies nach sorgfältigster Prüfung für nöthig erachtet,
auf dem Wege der Legislation, wo denn doch die Kammern
und folglich auch die Vertreter der betreffenden Provinz mitzusprechen
haben, abzuändern, zwar äußerlich fortbestehen zu lassen, aber sie in
einem andern Sinn, als in dem, in welchem sie gegeben sind, zu
interpretiren und zu handhaben und dadurch den Schein zu erzeugen,
als betrachte man Gesetze nur als für die Staatsbürger verbindlich,
nicht aber für die Beamten, namentlich nicht für die Centralstellen
und für die aus den altländischen Territorien nach der neuen Provinz
geschickten Staatsdiener. Man untergräbt dadurch die Achtung vor
dem Gesetze, welche allein die durch so manches Ungewohnte gereizten

Gemüther auf die Dauer zu versöhnen vermag. Man weckt Miß=
trauen, wo doch Vertrauen so Noth thut.

Eine solche Art der Verwaltung, wie wir sie fordern, ist freilich
schwer durchzuführen bei der jetzigen Einrichtung, wo Alles von oben
herunter kommt und die geringste Angelegenheit wieder durch alle In=
stanzen hindurch bis hinauf an die obersten Behörden läuft. Es wird
den einzelnen Dezernenten in den Ministerien schwer fallen, sich auf
so verschiedene Anschauungsweisen einzurichten und sie abwechselnd zu
handhaben, statt Alles, Kurzes und Langes, auf rein mechanischem
Wege über ein und dasselbe regulative Prokrustes=Bette zu spannen.
Aus diesem und den oben angegebenen Gründen komme ich denn
immer wieder zurück auf die Nothwendigkeit einer Grenzreguli=
rung zwischen Staat und Gesellschaft, zwischen Cen=
tral= und Lokalthätigkeit zurück. Eine solche Grenzregulirung
ist im isolirten, einer Centralgewalt nicht unterworfenen Kleinstaate
nicht möglich, weil ja dort, wie z. B. früher in Frankfurt am Main,
die Begriffe Staat, Provinz, Kreis und Kommune einander beinahe
vollständig decken und schon dadurch die Differenzirung der Funktionen
außerordentlich erschwert ist. Im Großstaate ist sie möglich, ja so=
gar nothwendig, sobald er Anspruch darauf macht, ein Verfassungs=
staat zu sein.

Wohin die gegentheilige Anschauung führt, sehen wir in Frank=
reich, wo die Centralregierung die früheren Provinzialverbände und
sonstigen lokalen Korporationen theils zertrümmert, theils lahm gelegt
und an deren Stelle eine Anzahl kleinere Regierungsbezirke (Departe=
ments) gesetzt hat, welche nur Werkzeuge sind für die Vollstreckung
des sich bis auf Alles, selbst bis auf die geringsten lokalen Kleinig=
keiten, die man offenbar in der Provinz weit besser versteht und kennt,
als in Paris, ausdehnenden absoluten centralen Willens. Letzterem
ist zwar eine Volksvertretung beigegeben; allein, da die analogen
Institute in den unteren Instanzen fehlen, so gleicht das Ganze einer
auf den Kopf gestellten Pyramide. Sobald auf der nach Oben ge=
wandten Fläche sich die Kammern etwas lebhaft bewegen, fällt die
Pyramide um; und das nennt man Revolution. Soll sie stehn
bleiben, so dürfen sich die Kammern nicht bewegen; und das nennt
man Scheinkonstitutionalismus. Die Volksvertretung hat also die
Wahl zwischen der Scylla der Unthätigkeit und der Charybdis des
Umsturzes, welcher letztere um so häufiger und wirksamer eintritt, weil

die Hauptstadt revolutionär, und das Land ihr gegenüber willen-
los ist.

Die Naturgeschichte lehrt uns, daß, je vollkommener ein Thier
ist, desto mehr sich die einzelnen Körpertheile und deren Funktionen
unter einander differenziren; oder um es an Beispielen zu erläutern:
Die niederen Thierarten haben eine Menge sogenannter „Füße“,
welche aber nicht nur der Bewegung, sondern auch dem Zugreifen,
dem Abwehren, dem Kauen und anderen Verrichtungen dienen. Bei
dem Affen sind diese Funktionen schon differenzirt; er hat nur vier
Füße (Hände), und diese dienen nur dem Gehn und Greifen. Die
beiden letztgenannten Funktionen sind aber beim Menschen auch differenzirt. Die beiden hinteren Extremitäten dienen nur zum Gehn,
und nicht zum Greifen; die beiden vorderen nur zum Greifen, und
nicht zum Gehn. Deßhalb geht der Mensch aufrecht und bringt mit
seinen Händen mehr fertig, als die Thiere. Dasselbe Gesetz der Ver-
vollkommnung auf dem Wege der Differenzirung der Theile und ihrer
Funktionen macht sich auch innerhalb der einzelnen Arten für die
Ausbildung des Individuums geltend, z. B. für die Entwickelung
vom Embryo bis zum vollkommenen Menschen.

Auf demselben Wege der differenzirenden Entwickelung, welcher
dem absolutisten Staate und dem Kleinstaate versagt ist, muß sich der
verfassungsmäßige Großstaat vervollkommnen. Je mehr die Staatsgewalt, in richtiger Erkenntniß ihrer Aufgabe und der Grenzen ihrer
Wirksamkeit, ihr Gebiet quantitativ beschränkt, desto mehr gewinnt
sie durch Concentration an qualitativer Kraft, während der bevor-
mundungssüchtige Staat, der Alles selbst machen und die Gesellschaft
und die lokalen Verbände absorbiren, der die Behörden nur stock-
werkartig übereinander setzt, aber in ihrem Schoße die heterogensten
Funktionen vereinigen will, mit dem Vorschreiten der Civilisation
und der Kultur immer unfähiger wird, den allzu weit gesteckten und
allzuwenig differenzirten Funktionen und Aufgaben zu genügen.

Ich will mit diesem Schriftchen in dem gegebenen Momente
wirken. Ich will den Muth Derer, welche an der nationalen Entwickelung zu verzweifeln beginnen, wieder beleben, indem ich ihnen
das Bild der Versöhnung der Gegensätze und der Harmonie der jetzt
noch streitenden Interessen entrolle. Ich will den Gegnern der nationalen Entwickelung nachweisen, daß sie trotz Alledem und Alledem
keinen Grund haben zu triumphiren und daß Das, was sie im Namen

des Fortschritts fordern, Zopf, und Das, was sie mit den Farben der Freiheit übertünchen, reaktionärer Kontönli-Geist und mittelalterliche Zwangstaaterei ist.*)

Dieser Zweck meiner Arbeit verbietet mir auf das Einzelne der unumgänglich nöthigen Reorganisation des Staates einzugehen. Ich will ja nur ein bescheidenes Pamphlet für den Augenblick und nicht ein gelehrtes und kompendiöses Werk für Ewig schreiben. Deshalb hier nur Folgendes:

Die Provinz und der Kreis sind lebensfähige Institutionen der Selbstverwaltung in Preußen, sobald man für beide eine den modernen Erfordernissen und den realen Interessen entsprechende Vertretung einführt, in welcher die realen Potenzen wirklich repräsentirt und darauf angewiesen sind, gemeinsam zu wirken, statt sich abwechselnd der Bureaukratie zur Unterdrückung der einen durch die anderen zu bedienen. Der Regierungsbezirk aber ist nicht eine solche Institution. Er hat auch keine Vertretung. Außerdem ist der Körper der Bezirksregierung ein so schwerfälliger, daß ein Genie dazu gehört, ihn wirklich zu regieren; daß in Ermangelung eines solchen, nur noch die N a c h t h e i l e der Kollegial-Verfassung übrig bleiben, in Wirklichkeit jeder einzelne Dezernent sich von dem Ganzen emanzipirt und, ohne persönlich verantwortlich zu sein, sich hinter die Firma der anonymen Gesellschaft zurückzieht, welche gewohnheitsmäßig seine Anträge zu Beschlüssen erhebt; daß in der That diese Regierungen der eigentliche Sitz der Uebel sind, über welche wir uns beklagen, und es sein müssen, so lange in ihnen die heterogensten Funktionen vereinigt sind.

Ich komme auf mein Gleichniß von der Differenzirung der Theile der Thiere zurück. Der Krebs hat sogen. „Kaufüße", welche gleichzeitig zum Kauen, zum Greifen und zum Marschiren dienen; er hat deren sehr viele; aber trotzdem marschirt er rückwärts statt vorwärts; er ist im Zugreifen sehr unbeholfen und er kaut nur sehr mangelhaft. Andere Thiere, welche für jede dieser Funktionen ein

---

*) Wenn es dafür noch eines Beweises bedürfte, so würde er darin zu finden sein, daß die Acht und vierziger Demokraten, die das Elend der Kleinstaaterei kennen und verabscheuen gelernt haben, und die über jeden Vorwurf des Servilismus erhaben stehn, die Hecker, Zitz, Friedrich Schütz, Bamberger, Kapp, Ruge u. s. w., die allerentschiedensten Gegner der Südstaaten-Demokratie in Amerika und der welfischen und südlichen Demokratie in Deutschland sind.

besonderes Organ haben, wissen jede einzelne Verrichtung besser aus-
zuführen. Der Respekt vor der Obrigkeit verbietet mir, von diesem
Sachverhalt im Einzelnen vergleichungsweise Anwendung auf die
drei sehr heterogenen Funktionen der Bezirksregierung zu machen.
Möge der Leser es selbst thun.

Die Kommune ist ein Verband, der wesentlich die Wahrung ge-
meinsamer wirthschaftlicher und sonstiger localer Kultur-Interessen
der nachbarlich Zusammenwohnenden zum Zwecke hat. Hat man
diese Funktion differenzirt, hat man ihr die politischen Zwangsrechte,
die Befugniß, Leuten, die nicht Bürger sind oder es nicht werden
wollen, den Aufenthalt, den Gewerbebetrieb, die Acquisition von
Grundeigenthum zu verbieten u. s. w., entzogen, hat man die Grenze
zwischen Staat und Kommune richtig geregelt, was hat dann der
Staat noch für ein Interesse, sich durch Nichtbestätigung und andere
Maßregeln in den Haushalt und die sonstige innere Verwaltung der
Gemeinden zu mischen?

Ein Gleiches gilt von dem Kreis und der Provinz. Allerdings
ist es nach Maßgabe unserer factischen Zustände unmöglich, die Kreis-
und Provinzial-Vertretung und -Behörden der eigentlich politischen
Funktionen ganz zu entkleiden; und soweit sie solche üben, müßten
sie unter der Centralregierung stehn; soweit sie aber rein lokalen Verrichtungen obliegen, darf man sie um so weniger unter die unbeding-
teste Vormundschaft der Geheimräthe der Ministerien stellen, weil man
sonst für die Provinzial- und Kreisvertretung nicht die geeigneten
Persönlichkeiten zur Uebernahme öffentlicher Ehrenämter findet. Denn
wer seine Zeit und Kraft dem gemeinen Wesen ohne Gegenleistung
opfert, der will nicht behandelt sein, wie ein Schuljunge, dem täglich
der gestrenge Schulmeister das Pensum corrigirt. Er will einheitlich
im Großen und Ganzen wirken und die Früchte seines persönlichen
Schaffens genießen. Der Dank oder der Tadel seiner Mitbürger
werden für ihn die wichtigsten Regulatoren sein.

Läßt man die Provinzial- und Kreisverbände zusammenfallen
mit den Wahlbezirken zum Landtage und zum Reichstage, so wird,
vorausgesetzt, daß den ersteren die autonome Verwaltung reeller Interessen anvertraut ist, auch das suffrage universel den atomistischen
Charakter, den es in Frankreich hat und der es entweder der gouver-
nementalen oder der demagogischen Beeinflussung preisgiebt, verlieren
und zu organischen Gestaltungen führen, ohne daß man nöthig hätte,

zurückzugreifen zu Experimenten mit ständischer Gliederung, welche heut zu Tage vollständig aussichtslos sind.

Hat man so dem Staate, was des Staats, und der Gesellschaft, was der Gesellschaft ist, gegeben, hat man die Grenze zwischen der Staats-, der Provinzial-, der Kreis- und der Kommunal-Verwaltung geregelt, hat man nach dem Grundsatze der Theilung der Geschäfte und der Vereinigung der Kräfte, die Funktionen und die Organe derselben differenzirt, dann wird sich ganz von selbst das, was centralisirt sein muß, centralisiren, und das, was lokalisirt sein muß, lokalisiren. Die Staatsgewalt und die Gesellschaft werden, wie in England, mit einander in Frieden leben, weil keine Grenzstreitigkeit zwischen ihnen besteht; und kein Vernünftiger wird sich beschweren können, daß er von seiner Unabhängigkeit mehr zum Opfer bringt, als der Zweck der Erhaltung des Ganzen erfordert.

Eine solche Organisation wird namentlich in zwei Richtungen außerordentlich vortheilhaft wirken.

Sie wird erstens den Staat und die Regierung des falschen Scheines der Allmacht entkleiden und dadurch die Ansprüche, welche man gegen sie erheben darf, auf ihr natürliches Maß reduziren. Sie wird den Einzelnen, die Gemeinde, den Kreis, die Provinz, zunächst auf ihre eigene Selbstthätigkeit verweisen, während jetzt Jeder, der sich bevormundet weiß, von dem Vormunde Alles erwartet und sich selbst nichts zumuthet. Sie wird dem Hader zwischen den verschiedenen Ständen der Gesellschaft und den verschiedenen Theilen des Landes ein Ende machen, während jetzt jeder Stand und jedes Territorium sich vernachlässigt und die Anderen auf seine Kosten bevorzugt glaubt, und Jeder für sich „Staatshülfe" in Anspruch nimmt, d. h. zu der Regierung sagt: Hebe Steuern, um mir Wohlthaten zu erweisen, oder in klarem bündigem Deutsch: Raube den Andern ihr Geld und schenke es mir!

Sie wird zweitens die Gespenster verscheuchen, welche von den Feinden der deutschen Entwickelung heraufbeschworen werden und selbst auf wohlmeinende und ehrliche, aber schreckhafte und unklare Menschen des Eindrucks nicht verfehlen. Sie wird den Partikularismus entwaffnen, indem sie das, was in ihm berechtigt ist, anerkennt und selbst die Aufgabe, dasselbe zu realisiren, in die Hand nimmt.

Wenn in Preußen selbst die Provinz und der Kreis sich desjenigen Grades der Autonomie und Selbstverwaltung erfreuen, welcher

mit den gemeinsamen Interessen des Nationalstaates vereinbar ist, dann
wird auch, nicht nur in den neupreußischen Provinzen, sondern auch in
dem nichtpreußischen Deutschland die Furcht verschwinden, daß der Beitritt zum Bunde identisch sei mit der Aufopferung jeder territorialen,
provinziellen und lokalen Selbstständigkeit. Man wird einsehn lernen,
daß der Nationalstaat nicht der Moloch ist, der Alles verschlingt, sondern der Schirmherr, dessen starke Hand den Einzelstaat, die Provinz,
den Kreis und die Gemeinde vor Gewalt von Außen und Unrecht im
Innern bewahrt und Jedem die Möglichkeit giebt, gesichert vor den
Wechselfällen des Tages, seine Ziele selbstständig zu verfolgen; daß
je mehr die Existenz des Nationalstaates außer Zweifel gesetzt ist, je
mehr seine Ausdehnung zusammenfällt mit dem ethnographisch-geo-
graphischen Begriffe der Nation, desto mehr die Lasten sich mindern,
deren Aufwendung bis jetzt noch die Bestrittenheit seiner Stellung
erforderlich macht; daß wie wirthschaftliche Freiheit nur existiren kann
auf einem großen einheitlichen Wirthschaftsgebiete, so auch die
politische Freiheit den wirklichen Staat und dessen Einheit zur
nothwendigen Voraussetzung hat; und daß die Wohlfahrt der Nation
und die Unabhängigkeit des Einzelnen keine schlimmeren Feinde hat,
als die, welche unklare Gefühle und egoistische Sonderinteressen ausbeuten, um den nationalen Entwickelungsprozeß zu verzögern und zu
erschweren.

<hr />

Sechstes Kapitel.

Die liberale Partei in den neuen Provinzen Preußens.

Motto:
„Immer strebe zum Ganzen; — und kannst
Du selber kein Ganzes
Werden, als dienendes Glied schließ' an ein
Ganzes Dich an."
Schiller.

　　Die widerstrebenden Elemente in den neuen Provinzen beschuldigen uns, die nationalgesinnten Abgeordneten, wir seien „schuld

daran, daß das Land preußisch geworden und in Folge dessen mit schweren Lasten und Drangsalen heimgesucht sei".

Hätten die depossedirten Fürsten (ingleichen der hoch- und wohlregierende Bürgermeister und Senat der freien Stadt Frankfurt a. M.) auf u n s e r e n Rath gehört, auf den n a t i o n a l e n statt auf den g r o ß d e u t s c h e n, hätten sie in dem zwischen Preußen und Oesterreich ausgebrochenen Konflikt, statt sich kopfüber in den Krieg zu stürzen, um letzterem vasallitische Heeresfolge zu leisten, sich zurückgehalten und namentlich nicht den verhängnißvollen Bundesbeschluß vom 14. Juni 1866 zu Stande bringen helfen, der reiner Unsinn war — denn man erklärt doch nicht feierlich den Krieg, ehe man ihn zu führen im Stande ist —, dann säßen die Fürsten ohne Zweifel noch auf ihren Thronen; und in Frankfurt regierte noch der souveraine Bürgermeister. Wenn Dem heute nicht so ist, so mögen Diejenigen, welche darüber jammern, ihre Vorwürfe nicht an uns adressiren, sondern an jene, welche unsere Rathschläge bekämpften und den genannten Bundesbeschluß zu wege brachten. Denn sie waren im ausschließlichen Besitze des Ohrs der betreffenden Fürsten und sind die Urheber der Dinge, wie sie gekommen; und doch sind gerade sie es wieder, welche heute in Gemeinschaft mit den Ultramontanen und den Welfen-Demokraten alle Anstrengungen machen, um einen definitiven Abschluß unserer deutschen Entwickelung zu verhindern oder wenigstens zu verzögern auf so lange, bis es ihnen gelungen ist, einen europäischen Krieg heraufzubeschwören. In demselben Augenblicke aber, wo sie die ewige Kriegsgefahr und damit die Nothwendigkeit schlagfertiger stehender Heere permanent zu machen bestrebt sind, beschuldigen sie uns, wir seien die Urheber der durch diesen Zustand hervorgehobenen Lasten; und das nennen sie — e h r l i c h!

Sie wollen die Leute in den neuen Provinzen glauben machen, wenn wir nicht preußisch geworden wären, hätten wir's besser, während doch in diesem Falle unsere Lage finanziell weit ungünstiger wäre, denn wir wären ja alsdann doch auch verpflichtet, die nach der Kopfzahl berechneten Bundeslasten zu tragen, und außerdem daneben noch einmal die Kosten eines besonderen Hofes, einer Centralverwaltung, einer obersten Militärbehörde f ü r u n s a l l e i n zu bezahlen. Daß die hieraus erwachsende Belastung weit größer ist, zeigt das Beispiel des Fürstenthums Waldeck, welches es vorgezogen hat, sich in administrativer Beziehung der preußischen Monarchie einzufügen;

und letzteres ist doch wahrlich nicht dazu gezwungen worden, viel=
mehr sind Regierung und Landtag in Preußen nur sehr ungerne auf
dieses für sie durchaus nicht mit finanziellen Vortheilen verbundene
·Geschäft eingegangen.

Gegenüber dieser Sachlage dürfte es gerechtfertigt erscheinen,
wenn man einmal die einzelnen verborgenen Momente und Motive,
aus welchen jene Agitationen in den neuen Provinzen entstehen, einer
näheren Untersuchung unterwirft. Aus dieser Rechtfertigung, aus
dieser Nothwendigkeit ist der gegenwärtige Versuch hervorgegangen. Er
hat sich zunächst auf das Territorium beschränkt, welches zwar der
Seelenzahl und dem Flächengehalt nach das kleinste ist, aber doch
bei weitem den größten Lärm macht und durch seine Presse*),
welche mit dem größten Vergnügen ein paar Dutzend Hochkonservative
heilig spricht, wenn sie dafür nur zugleich Einen der verhaßten Na=
tionalliberalen als politischen Ketzer an einem langsamen Feuer braten
kann, im Südwesten außerordentlich viel zur Verwirrung der Köpfe
und Vergiftung der Herzen beiträgt. Gegenüber den Strömen von
Gift und Galle, welche von dort aus im Laufe der letzten drei Jahre
über uns ausgegossen worden sind, hat dieser Versuch doch nicht den
Charakter des Angriffs, sondern den einer gemäßigten Abwehr, einer
mit gelassenem Herzen abgefaßten Erwiderung, welche sich öfters
darauf beschränkt, die Dinge nur anzudeuten, und wo es die Sach=
lage erlaubt, dem Humor den Vorzug giebt vor der Geißel der
Satyre.

Und fürwahr der Gebrauch der letzteren wird doch gar zu stark
provozirt. Im Namen der Demokratie beschuldigt man uns des
Abfalls von der liberalen Sache, für die wir unser Leben lang
gestritten und gelitten.

„Wir seien von der altpreußischen Fortschrittspartei abgefallen.“
Wir liberalen Neupreußen haben nie zu ihr gehört. Wir haben schon
lange vor 1866 für den deutschen Bundesstaat unter preußischer Füh=
rung gestritten, und wir sind dieser Fahne treu geblieben. Der
preußische Konflikt berührte uns nicht direkt; und wir hatten keine
Gelegenheit, in demselben politisch=praktisch thätig zu sein. Die
„Fortschrittspartei“, d. h. die große alte Fortschrittspartei von Alt=
preußen existirt augenblicklich nicht mehr. Sie war eine während der

---

*) Noch weniger freilich gefallen mir die dort so häufigen Preß=Prozesse.

Konfliktszeit ad hoc gegründete Koalition, zusammengesetzt aus sehr ungleichartigen Bestandtheilen, und hat sich durch die Ereignisse von 1866 aufgelöst. Die jetzige Fortschrittspartei in Reichs- und Landtag ist durchaus nicht identisch mit ihr. Ich will nicht reden von den Königlich Sächsischen und anderen Bestandtheilen, deren Wahlverwandtschaft mit einer preußischen Partei mir immer sehr zweifelhaft dünkte; ich will nur die zwei Hauptrichtungen erwähnen, welche durch die preußischen Abgeordneten Waldeck und Jacobi vertreten sind.

Der Abgeordnete Waldeck ist gut preußisch und unitarisch gesinnt; nur will er zuvor in Preußen selbst auf der in der Zeit von 1808 bis 1813 gelegten Basis das streng konstitutionelle System und die demokratische Organisation durchgeführt haben, bevor es sich die andern Staaten unterwirft. So sehr ich die Konsequenz desselben bewundere, welche ihn auf dem ersten konstituirenden Reichstage auch zur Verwerfung der Verfassung mit Nothwendigkeit führen mußte, so wenig habe ich den geringsten Zweifel darüber, daß der von uns damals eingeschlagene Weg der bessere war. Wir haben die Verfassung nach Möglichkeit im liberalen Sinne zu verbessern gesucht, aber vor Allem dahin gestrebt, daß sie überhaupt zu Stande komme. Man lese doch heute, ein Jahr später, wieder einmal die schrecklichen Prophezeihungen, welche damals an die Reichsverfassung geknüpft wurden. Keine einzige hat sich erfüllt. Von Allem ist das Gegentheil eingetreten. Die Militärlast hat sich für Preußen vermindert. Ausgedehnte Beurlaubungen sind eingetreten. Die Rekruten werden ein Vierteljahr später einberufen. Millionen werden dadurch gespart. Das Alles verdanken wir der vielgeschmähten Reichsverfassung. Ich will die Postreform, die Paß-, Zug-, Gewerbe-, Verehelichungsfreiheit und die fast endlose Reihe von Verbesserungen, welche dem Grafen Bassewitz den schon erwähnten Mecklenburgischen Stoßseufzer abpreßten, nicht noch einmal Revue passiren lassen. Ich will nur hervorheben, daß Aufgaben, welchen der preußische Landtag trotz Jahre langer energischer Anstrengungen sich nicht gewachsen zeigte, durch den Reichstag und die Bundesverfassung ohne Schwierigkeiten gelöst wurden, wie die Schuldhaft- und Zinsen=Frage, oder binnen Kurzem direkt oder indirekt ihre Lösung finden werden, wie die volle Gewerbefreiheit und der Schutz des parlamentarischen Wortes.

Dann aber frage man sich doch einmal, wo wir denn wären,

wenn auch wir — was ja sehr leicht war — „Nein" gesagt und dadurch — denn das war die natürliche Folge — die Verfassung zum
Scheitern gebracht hätten. Wahrscheinlich wäre dann sofort ein euro-
päischer Krieg um Luxemburg entbrannt. Wenn aber auch nicht, so
hätten wir heute vor uns einen Rattenkönig von Militärconventionen
ohne alle parlamentarische Kontrole und im Uebrigen die in dem
Mangel eines gemeinsamen Organs begründete Unmöglichkeit jeder
Reform.

Welcher Weg war also der bessere?

Oder sollten wir etwa die Wege des Abg. Jacobi wandeln,
der die Ereignisse von 1866 als nicht geschehen betrachtet, welcher
erklärt, sein System sei mit dem bestehenden preußischen Staat nicht
vereinbar, und deßhalb verlangt, der letztere solle in eine noch nicht
vorhandene, sondern erst noch zu gründende größere Gesammtheit
aufgehn?

Wir wissen, gewitzigt durch die traurigen Erfahrungen, welche
unsere Vorfahren während vieler Jahrhunderte gemacht haben, daß,
sobald wir um doctrinärer Hirngespinnste willen die Waffen entweder
wider einander kehren oder in's Korn werfen, unsere verehrten Nachbarn und Gönner vom Auslande über uns herfallen, um uns den
Garaus zu machen. Wir wissen auch, daß zur Gründung des
deutschen Nationalstaats nicht nur doctrinäre Weisheit, sondern auch
staatliche Macht gehört; und da, wer den Zweck (den Nationalstaat)
will, auch das Mittel (die Macht) wollen muß, so werden wir zur
Zeit nichts unternehmen, was die Machtstellung Preußens irgendwie
alteriren kann.

Und wenn uns unsere Gegner sagen, es sei Charakterschwäche
oder Mangel an Muth, daß wir „nicht so weit gingen, wie
der Abgeordnete Jacobi", so können wir nur unser Bedauern über
ihren Mangel an Einsicht aussprechen. Jacobi's Wege gehen nicht
weiter als die unsrigen, sondern in entgegengesetzter Richtung, und zwar vorerst im Wesentlichen in derselben Richtung,
welche die klerikal-radikalen Partikularisten im Süden verfolgen. Sie
führen unseres Erachtens zur Vernichtung des preußischen Staats
und damit zur Zertrümmerung Deutschlands; und da wir dieses
Ziel nicht wollen, so können wir auch diese Wege nicht
wandeln. Wer das nicht begreift, der möge nicht Andere der

Charakter-, sondern sich selbst der Verstandes-Schwäche anklagen.

Die Beschuldigung des Abfalls von der liberalen Sache ist somit ein abgeschmacktes Märchen. Das Pro-
gramm Jacobi und die liberale Sache sind durchaus nicht identisch.

Noch abgeschmackter aber ist es, daß man diese Beschuldigung
von Frankfurt aus, und daß man sie grade von dort im
Namen der Demokratie erhebt.

Fürwahr, der Abgeordnete Ziegler hatte Recht, als er im
Mai 1866 in Breslau begeistert rief: Die wahre Demokratie ist da,
wo die Fahnen des nationalen Heeres wehen.

Eine süddeutsche und frankfurtische Demokratie befindet sich aber
ganz wo anders; wie die Demokratie der amerikanischen Südstaaten
verficht sie unhaltbare Ueberbleibsel einer traurigen Vergangenheit
gegen das Machtgebot der nationalen Nothwendigkeit. Hier wie dort
ist die antinationale Demokratie nicht liberal, sondern reaktionär.
Wie dort die Sklaverei, so verficht sie hier Zunft und Zopf und alle
Niederschläge des sinkenden Mittelalters, mitinbegriffen die volle
Souverainetät eines aus Auflehnung gegen die gemeinsamen Interessen hervorgegangenen und sich dennoch mit Legitimitätsdünkel sprei-
zenden rheinbündlerischen Kleinfürstenthums. Wie dort die Standes-
privilegien der südlichen Junker und Plantagen-Besitzer, so schreibt
man hier bereits bestehende Vorrechte des Klerus oder noch zu errich-
tende Privilegien der „Arbeiter" auf die Fahne, während doch die
wirklichen Arbeiter bei diesem Bündniß mit der Reaktion nichts
gewinnen können, und es sehr komisch aussieht, wenn ein Frankfurter
Banquier die Rolle des Spartacus im Krieg gegen das Kapital über-
nimmt.

Wer in Frankfurt beobachtet hat, welche Rolle dort das Geld
spielt, wie der Mensch und die Familie nur nach diesem Maße
gemessen, und wie dabei noch unterschieden wird zwischen „altem
Geld" und „jungem Geld", je nachdem die Familie schon seit lange
oder erst seit kurzem reich ist, wie alle übrigen Dinge, als da sind
Ehre, Geburt, Verstand, Schönheit, Tugend, Tapferkeit, daneben aber
auch gar nicht im Geringsten in Betracht kommen; wer dort das
Schauspiel erlebt hat, wie die Geldaristokratie um die alten kleinfürst-
lich-großdeutschen Bundestags-Zöpfe herumscharwenzelte; ja wer etwa
nur heut zu Tage sieht, wie z. B. die reiche Frau M. mit einer end-

losen Schleppe durch den zoologischen Garten spaziert und von den andern weiblichen und männlichen Besuchern des Gartens, welche vor ihr Spalier bilden, mit einer so unermeßlichen Tiefe von Ehrfurcht begrüßt wird, wie sie in dem monarchischen Preußen fürwahr kaum der König und die Königin in Anspruch nehmen; — für den wird es keiner Beweise bedürfen, daß Frankfurt Alles in der Welt eher ist, als eine demokratische Stadt.

Darüber sollte sich in Preußen besonders die liberale Partei keiner Täuschung hingeben. Selbst wenn man die preußische Monarchie, die Staats-, die Provinzial-, die Kreis- und die Kommunalverwaltung nach den doch ganz gewiß wahrhaft demokratischen Ansichten des Abg. Waldeck organisirte, würde man dadurch auch nicht eine einzige von den widerstrebenden Seelen Frankfurts gewinnen. Sie tragen, wie wir gesehen haben, weit anderes Verlangen. Vgl. Kapitel zwei.

Namentlich aber in den neuen Provinzen, und hier wieder vor Allem in Hessen und Nassau, tritt an die liberale Partei die Frage heran: Frankfurtisch oder preußisch? Deutsch oder partikularistisch? National oder antinational.

Wenn in Betreff dieses Kardinalpunktes die bisherige Unklarheit fortherrscht, dann wird dort die liberale Partei einfach von der Koalition der Ultramontanen und Sozialisten, welche sich der höchsten Gunst gewisser Beamten erfreut, auf's Haupt geschlagen werden. Die Dinge stehen nämlich so:

Das was sich in diesen neuen Provinzen vor deren Annexion die „großdeutsche" oder die „konservative Partei" nannte, war eine aus sehr heterogenen Bestandtheilen komponirte Koalition, die nur zusammengehalten wurde durch ein negatives Dogma oder eine gemeinsame Idiosynkrasie, nämlich durch den Haß gegen die nationale Entwickelung und den modernen Staat, oder, um es korrekter auszudrücken: durch den Haß gegen Preußen, das trotz der romantischen Velleitäten, welche seit 1840 dort scheinbar dauernd zur Herrschaft gelangt waren, und trotz des Verfassungskonfliktes, der, in einem verhängnißvollen Momente ausgebrochen, die Entwickelung im Innern dergestalt lahm legte, daß es bis zum Augenblicke noch nicht gelungen ist, sie wieder in Fluß zu bringen, das trotz Diesem und Jenem, trotz Alledem und Alledem, auch ohne Absicht und selbst wider den Willen einzelner maßgebender Persönlichkeiten, immerhin in Deutschland der

einzige Repräsentant der nationalen Idee und der modernen Entwickelung, der Vertreter der Nationalsouveränetät gegenüber den Partial-
souveränetäten der Dynasten, war und blieb, wie dies jene Rück-
schrittler, Sturm-, Schwärm- und Nachtvögel mit richtigem Instinkte
stets sehr wohl herausfühlten.

Die Zollvereins-Krisis von 1862/64 und noch weit mehr der
Krieg von 1866 gegen Preußen, war das Werk dieser Koalition, die
damals schon die einzelnen Provinzen der Monarchie, die eine diesem,
die andre jenem Nachbarlande und -Ländchen zugetheilt hatte und
offen die Parole ausgab, die „Episode Friedrich des Großen müsse
aus der Weltgeschichte gestrichen und das Geschlecht der Hohenzollern
wieder auf die Markgrafschaft Brandenburg reduzirt werden". Diese
antipreußische, großdeutsche, schutzzöllnerische, feudale, klerikale *), konservative, sozialistische und radikale — so verschiedene Elemente barg
sie in sich — Koalition ging aus dem Krieg als besiegter, nicht nur
mit den Waffen besiegter, sondern moralisch fast vernichteter Theil
hervor. Anfang verblüfft und unfähig, etwas zu thun und zu denken,
mußte sie sich bald wieder zu fassen. Ich verzeichne in dem Folgenden
ihre Taktik. Diese Taktik ist der Art, daß die Vermuthung nahe liegt,
sie beruhe auf Verabredung und einheitlichem obersten Kommando.
Denn man kann so verwickelte und schwierige Evolutionen nicht so
ohne Hindernisse, nicht so korrekt, oder gebrauchen wir das geflügelte
Wort des Grafen Eulenburg: nicht so „elegant" zur Ausführung
bringen, ohne jene vorausgesetzte einheitliche Leitung. Da jedoch
die Natur der Sache es unmöglich macht, juristische Beweise für
deren Existenz zu liefern, so lassen wir den Gegenstand fallen und
begnügen uns damit, eine Andeutung gegeben zu haben. Möge Jeder
aus dem Symptom auf den Grund, aus der Wirkung auf die Ursache
schließen.

Die Koalition, nachdem sie den verlorenen Kopf einige Zeit
nach Beendigung des Kriegs einigermaßen wieder gefunden hatte,
theilte sich in zwei Heerhaufen, einen radikal und einen konservativ

---

*) Zur Vermeidung von Mißverständnissen bemerke ich, daß nach meiner
Auffassung die klerikale Partei durchaus nicht identisch ist mit der katholischen
Kirche oder der katholischen Bevölkerung. Vielmehr verstehe ich darunter die
nach hierarchischer Gewalt in weltlichen Dingen strebende Geistlichkeit
(ohne Unterschied der Konfession) und deren Anhang.

gefärbten. Jener schrieb, wenn er zum dritten Stand sprach, die
weiße Republik mit Schweizer Milizverfassung und äußerster Spar-
samkeit, wenig Steuern, Schutz für Person und Eigenthum, Wohlstand, Freiheit und Bildung, — wenn er zum vierten Stande sprach,
die rothe Republik ohne Eigenthum, mit Nationalwerkstätten,
Staatshülfe oder Kommunismus, mit gleichem Antheil eines Jeden,
der „ein Menschen-Antlitz trägt", an allen Gütern und Genüssen der
Menschheit, auf seine Fahne, jedoch nicht ohne daß hin und wieder
ein solcher „Mußpreuße"*) in der sentimentalen Stellung einer mit
den weiland Landesfarben angestrichenen Trauerweide zu Hause ins-
geheim und in Wien öffentlich den mehr in legitimistischer als in
radikaler Tonart erklingenden Stoßseufzer ausstieß: „So lange wir
denn doch einmal noch nicht die Republik — die weiße oder die rothe
— haben, so lange wir denn doch einmal noch einen Monarchen
haben müssen, wäre uns doch der frühere lieber, als der jetzige, denn
jener war doch „angestammt". Letzteres ist, beiläufig bemerkt, nicht
wahr. Denn die Herrn der 1866 annectirten Territorien waren am
Ende des vorigen und am Anfange des gegenwärtigen Jahrhunderts
im Annectiren wahrhaftig auch nicht blöde. Nur der Unterschied ist
allerdings — ob zu ihrer Ehre, will ich dahingestellt sein lassen —
zu konstatiren, daß sie das Annectirte nicht selbst erobert hatten, sondern aus den Händen eines fremden Eroberers zum Zwecke der
Befestigung der Fremdherrschaft als Geschenk, in alleruntertänigster
Dankbarkeit ersterbend, empfingen. Es ist also nichts mit dem
dortigen „Angestammtsein". Ich selbst z. B. war zwar Unterthan
des Herzogs von Nassau, aber mein Vater war als Unterthan des
Kurfürsten von Trier und meine Mutter als Unterthanin des Prinzen
von Oranien geboren. Beide wurden ohne alle Berücksichtigung des
Selbstbestimmungsrechtes der Völker vom Dynasten von Nassau
annectirt; und wenn man nach der Theorie der süddeutschen Volkspartei vermittelst des suffrage universel die Sünden der Vergangenheit wieder gut machen will, so muß man doch auch hier mit dem
Anfang anfangen und, was den concreten Fall anlangt, ehe und bevor

---

*) In der offiziellen Ausgabe der Wiener Schützenfestreden wurde in einem
der Vorträge des Herrn Trabert von Fulda das Wort „Muß-Preuße", womit
er sich auf der Tribüne selbst charakterisirt hatte, nachträglich in „Muster-
Preuße" verändert. Warum?

man mich fragt, ob ich der p r e u ß i s c h e n Annexion meine Sanction zu ertheilen geruhe, mir den Fall der n a s s a u i s c h e n Annexion zur Entscheidung vorlegen und mich fragen, ob ich es billige, daß N a s s a u meine Vorfahren und deren Eigenthum annectirt habe, oder ob ich Namens meiner Ahnen väterlicher Seits die Wiederherstellung des Kurfürstenthums Trier und Namens meiner Ahnen mütterlicher Seits die Restauration des Fürstenthums Oranien verlange. Ich für meine Person würde letzteres vorziehen. Denn die jüngere (oranische) Linie des Hauses Nassau hat stets besser regiert, als die ältere (walram'sche oder nassauische). Doch lassen wir diesen Scherz und wenden wir uns von dem linken Flügel der vormals großdeutschen Koalition der neuen Provinzen zu dem rechten.

Derselbe zerfällt in zwei nicht allzu scharf von einander getrennte Heerhaufen.

Der eine nimmt die Annexion als vollendete Thatsache äußerlich hin und sucht sich der altkonservativen Partei in den älteren Provinzen zu nähern, jedoch mit allem Vorbehalte seiner partikularistischen Sonderzwecke und ohne sich mit derselben zu identifiziren. Man kann das Verhältniß beider zu einander kaum besser charakterisiren als durch eine Vergleichung mit der Annäherung, welche sich im Zollparlament zwischen den süddeutschen Partikularisten, insbesondere der Fraktion Triangel, auf der einen, und den preußischen Altkonservativen, auf der anderen Seite, Anfangs zu vollziehen schien und in dem Augenblick ihren Höhepunkt erreicht zu haben schien, als der Abgeordnete von Blankenburg sein Verdammungsurtheil über die Kritik der Württembergischen Wahlumtriebe aussprach, welche ich mir erlaubt hatte mit dem vollen Bewußtsein, daß sie im Zollparlament für den Augenblick ohne direktes praktisches Resultat sein werde, jedoch in der Hoffnung, daß die bei den Wahlen unterlegene nationale Partei in Württemberg daraus die Ueberzeugung gewinnen werde, daß ein durch Mißbrauch Besiegter nicht rechtlos sei und daß es in Deutschland äußersten Falls noch ein Tribunal gebe, vor dem eine zweideutige Rolle analysirt und ein widernatürliches Bündniß gelöst werden kann — eine Hoffnung, die sich auch bei den kurz darauf vorgenommenen württembergischen Landtagswahlen nicht als trügerisch erwiesen hat.

Die Koalition, welche sich zwischen dem radikal-klerikal-gouvernementalen Partikularismus in Süddeutschland und dem Alt-Konservatismus in Preußen im Zollparlamente anzubahnen schien, erhielt einen harten Stoß durch die Erklärungen, welche Graf Bismarck mit bekannter Schlagfertigkeit und jenem energischen Bewußtsein des im gegebenen Augenblicke Nothwendigen, durch welches er sich in seinen guten Stunden so glücklich vor andern Staatsmännern auszeichnet, gegen den mit dem Auslande drohenden Württembergischen Abgeordneten Probst erließ, gegen denselben Probst, welcher unmittelbar vorher in einem Rechenschaftsbericht an seine Wähler das schöne Verhältniß gepriesen hatte, in welches die Württembergischen Abgeordneten mit den Altkonservativen in Preußen getreten wären. Und gerade an demselben Tage, an welchem das „Blättle", in welchem der das neu geknüpfte Liebesband zwischen den Demokraten des Südens und den Aristokraten des Nordens verherrlichende Dithyrambus des Abg. Probst nach Berlin gelangte, wurden die Flitterwochen so getrübt durch jene Aechtung des Appells an die Furcht.

Das „schöne Verhältniß" scheint seitdem etwas gelockert zu sein. Warten wir ab, ob es sich wieder von neuem knüpft.

Zwischen jenen Großdeutschen der neuen Provinzen und den dortigen altkonservativen Beamten besteht es noch und scheint sich fester zu knüpfen. Die Enttäuschung und die lange Reue wird auch dort dem kurzen Wahn folgen. Aber vielleicht erst spät. Denn Graf Bismarck kann nicht gleichzeitig überall sein.

Der zweite Heerhaufen des rechten Flügels des vormaligen klein-fürstlichen Großdeutschthums sitzt im Schmollwinkel und macht durchaus kein Hehl daraus, daß seine Sympathien auch im gegenwärtigen Augenblicke noch auf der Seite des alten Regiments sind. Man kann diese Verblendung bedauern, aber man muß die Ehrenhaftigkeit dieser Männer anerkennen, welche es verschmähen unter fremder Flagge zu fahren. Ehe ich von den Liberalen spreche, muß ich folgende Bemerkung vorausschicken:

Ich habe an einer anderen Stelle (in den im Juni und Juli 1867 geschriebenen „Vier Briefen eines Süddeutschen" rc.) schon vor anderthalb Jahren ausgeführt, daß man einen Fehler beging, als man die neuen Provinzen sofort gänzlich einverleibte, dabei aber sie auf Dauer eines Jahres von der Gesetzgebung und der preußischen Volksvertretung ausschloß, während man gleichzeitig deren bisherige landständige Vertretung dem Untergang weihte; daß die Form einer vorübergehenden Personal-Union oder der Proconsulate, wobei die

Ueberführung aus dem alten in den neuen Zustand der Dinge in **eines** Mannes, aber auch in eines **Mannes**, Hand zu legen, und die bisherigen Stände als Rathgeber beizubehalten waren, vorzuziehen gewesen wäre jener Diktatur, wodurch die Gewalt ausschließlich in die Hände der altländischen Bureaukratie gelegt wurde, welche sich ihre Information natürlich bei Niemand Anderes holte, als bei der Bureaukratie der neuen Provinzen.

Ich schrieb damals — im Juni 1867 — wörtlich: „Die Dynastie, die auswärtige Politik, das Heer, die Finanzen Preußens sind in der That und Wahrheit auch die Dynastie, die Politik, das Heer und die Finanzen eines Großstaats. Von der inneren Verwaltung aber und Dem, was die neuen Provinzen gegenwärtig und in der nächsten Zukunft von ihr zu schmecken bekommen, vermag ich ein Gleiches nicht zu behaupten. Ein großer Theil der Bureaukratie steckt noch tief in den Kinderschuhen des Kleinstaats, — jenes Kleinstaats, der, weil er er nichts Großes treiben kann und darf, aber doch seinem Thätigkeitstriebe Genüge leisten will, die Gebiete der bürgerlichen und wirthschaftlichen Gesellschaft, des Kreises und der Gemeinde, der Schule und der Kirche, usurpirt, Alles reglementiren, uniformiren, nivelliren will, und dabei weil er kein Maler ist, sich der Schablone des Weißbinders bedient.“

Ich rieth damals den neuen Provinzen, da ihnen der preußische Landtag noch verschlossen und ihre alte Landesvertretung bei Seite geschoben war, nicht zu ermüden und immer von Neuem wieder die neue Regierung mit ihren Wünschen und Beschwerden zu bestürmen. Wo dies geschehen ist, da hat man das Ziel erreicht. In Nassau in der Jagdfrage, in Kurhessen in der Staatsschatz-Angelegenheit, in Hannover in mehreren anderen Landes-Desiderien.

Leider geschah es in anderen wichtigen Dingen nicht. Die Kämpfe der vorausgegangenen Jahre und die heftigen Erschütterungen von 1866 hatten eine große Ermüdung und Abspannung erzeugt. Man wollte sich von Alledem erst ein wenig erholen, anstatt sofort wieder an eine nicht minder anstrengende politische Arbeit zu gehen. Zudem konnte man, was sehr begreiflich, sich noch nicht so recht an die neue Lage der Dinge gewöhnen und sich nicht recht als integrirenden Theil des großen Ganzen denken.

Der Hauptvorwurf aber trifft das Ministerium des Innern, welches mit den neuen Organisationen zögerte, während es doch die

Verpflichtung hatte, in den neuen Landestheilen, welche der früheren Landesvertretung beraubt und zu der neuen noch nicht zugelassen waren, möglichst rasch die Provinzial- und Kreisvertretung einzuführen, ohne welche die Bevölkerung in den neuen Provinzen mundtodt war für ihre lokalen Angelegenheiten; denn mit letzteren ließ sich natürlich der preußische Gesammtlandtag nicht gerne behelligen.

Die neuen Provinzen mußten grade dadurch, daß man ihnen in ihren lokalen Angelegenheiten die Gelegenheit abschnitt, am rechten Ort das rechte Wort zu sprechen, partikularistischer werden und haben vollkommen Recht, wenn sie sich über jenes Verfahren beschweren. Es hat nicht nur i h n e n geschadet, sondern auch der Entwickelung Deutschlands und des preußischen Staats. Es hat den Assimilirungsprozeß unendlich erschwert und verzögert und in den annektirten Landestheilen jene krankhafte Stimmung hervorgerufen, die eher im Zu- als im Abnehmen ist.

Man glaubt dort sich als Stiefkind behandelt; Jeder erklärt sein Land und sein Ländchen für das von herzzerreißenden Dingen und unerhörten Drangsalen κατ' ἐξοχὴν heimgesuchte neu-preußische Schmerzenskind und hält die anderen neuen Provinzen für bevorzugt, während wir doch Alle an denselben Uebeln so ziemlich in gleichem Maße leiden, — Uebeln, die zum e i n e n Theile mit einem jeden plötzlich und planlos bewerkstelligten Uebergange verbunden zu sein, aber auch mit ihm zu endigen pflegen, — und die zum a n d e r n Theil auch in den alten Provinzen vorkommen und ihre Quelle darin haben, daß die Organisation und die Formen in verschiedenen Zweigen der Verwaltung veraltet sind, und ein großer Theil der Bureaukratie an „affenartiger Geschwindigkeit" in keiner Weise mit der Armee zu wetteifern versteht. Auf diesem Gebiete — es thut mir leid, daß ich das im Juni 1867 Gesagte nach meiner zwischenzeitigen weiteren Beobachtung nur wiederholen und bestätigen kann — ist man hinter der raschen Entwickelung der Dinge und hinter der hohen Aufgabe des erweiterten und mit der Führung Deutschlands betrauten Staates weit, unendlich weit zurückgeblieben.*) Dies fällt aber gerade in

---

*) Dieselbe Erscheinung findet man freilich auch in andern Staaten. Einen beachtenswerthen Fingerzeig zur Erläuterung derselben finde ich in der Schrift von C. Dillmann „Die Volksbildung nach den Forderungen des Realismus" (1862), wo es S. 115 heißt: Schon wankt die Stellung, welche

Preußen um so schwerer ins Gewicht, als hier vormals das Beamten=
thum der Masse an Geist, Kenntnissen und Charakter unendlich über=
legen war, und manche Institutionen auf der Voraussetzung eines
gegenwärtig nicht mehr in diesem Maße vorhandenen Uebergewichts
aufgebaut sind. Diese aus der Zeit des Absolutismus herstammenden
Einrichtungen passen nun gegenwärtig weder zu dem Geiste der kon=
stitutionellen Verfassung noch auch zu den realen Verhältnissen des
Landes. Hier bedarf es der Reform, und nur die se vermag, wie
ich im vorigen Kapitel zu zeigen versucht habe, einen Zustand der
Befriedigung herbeizuführen und die dem deutschen Berufe Preußens
entgegenstehenden Hindernisse zu beseitigen.

Aber diese Reform muß mit gemeinsamen Kräften begonnen und
durchgeführt werden; und es ist ein großer Fehler, wenn man in den
neuen Provinzen immer nur an sich selbst und das enge Gebiet
des vormaligen Kleinstaats denkt. Die neuen Provinzen sind
für Preußen eine sehr werthvolle Errungenschaft, und noch mehr für
Deutschland; denn sie sind für Deutschland gewonnen. Aber die
heilsamen Wirkungen des neuen Verbandes treten nur dann hervor,
wenn das neue Blut sich mit dem alten vermischt und beides in dieser
Vereinigung mit erneuter Kraft und jugendlichem Feuer durch die
Adern des Staats rollt. Mischt es sich nicht, weigert es die gemein=
schaftliche Circulation, sackt es sich irgend wo ab, so entsteht Fäulniß,
welche für beide Theile und für das Ganze gleich schädlich ist.

An die liberale Partei in den neuen Provinzen, von welcher
man mehr als von den andern zu fordern berechtigt ist, daß sie einen
weiten und freien Blick habe, welcher hinaus reicht über die Verstim=
mung des Moments und über die vormaligen Landesgrenzen, kann
man wohl vor Allem die Anforderung stellen, daß sie sich und ihren

------

die Beamten als Bannerträger der Bildung eingenommen haben. Der Ver=
waltungs=Beamte in einer industriellen Gegend oder Stadt sieht sich allent=
halben schon überflügelt von Denen, die mit der Bildung des Realismus aus=
gestattet, ihm, dem Unkundigen auf diesem Gebiete, wenn nicht auch an Tiefe,
denn doch gewiß an Glanz und Anwendbarkeit der Bildung weit überlegen sind.
Schon kennt der intelligentere Theil der Bevölkerung die Einseitigkeit unserer
gegenwärtigen philologischen (Gymnasial= und Universitäts=) Bildung und
fühlt, daß unsere Beamten in ihrer Ausbildung hinter den Bedürfnissen der Zeit
zurückgeblieben sind. Siehe auch Joh. Rud. Wagner, Prof. der Techno=
logie in Würzburg, Technologische Studien auf der Allgemeinen Kunst= und
Industrie=Ausstellung zu Paris im Jahre 1867 (Leipzig 1868), S. 225.

speziellen Landsleuten diesen Zusammenhang der Dinge und Einrichtungen, die Solidarität nicht nur der neuen Provinzen unter einander, sondern auch der neuen mit den alten und die Nothwendigkeit
gemeinsamen Wirkens klar macht.

Denn nur durch letzteres werden wir das gemeinsame Ziel erreichen „und e i n e Freiheit macht uns A l l e frei".

Um in dieser Richtung wirken zu können, muß aber die liberale
Partei in den neuen Provinzen sich vor Allem endlich definitiv ent-
scheiden über ihre Stellung zu den Gesammtinteressen. Sie muß, wie
ich oben gesagt habe, sich die Fragen beantworten: National oder
antinational? Unionistisch oder partikularistisch? Deutsch oder Klein-
staatlich? Preußisch oder Frankfurtisch?

Bei der Beantwortung dieser Fragen aber muß sie sich hinaus-
setzen über die wechselnde und v e r g ä n g l i c h e Stimmung des Tages
und die b l e i b e n d e n Ziele im Auge behalten. Wenn sie der, an
sich durchaus nicht unberechtigten Mißlaune nachgebend, sich auf die
Seite der süddeutschen Volkspartei stellt, so wird sie die Realisirung
ihrer Wünsche unmöglich machen. Denn die süddeutsche Volkspartei
wünscht bekanntlich im Falle eines europäischen Kriegs die Niederlage
unserer Armee; sie will Preußen zertrümmern oder wenigstens in
Winkel-Kantönli auflösen. Dagegen protestirt das preußische Volk.
Das will in Preußen Niemand, außer einer Hand voll Doktrinäre.
Wenn nun die liberale Partei der neuen Provinzen Arm in Arm mit
der süddeutschen Volkspartei Dezentralisation und Selbstverwaltung
verlangt, so wird Jedermann glauben, sie verlange Auflösung des
Staats oder wenigstens Verminderung seiner Macht. Wenn sie ge-
meinschaftlich mit Jenen Erleichterung der Militärlasten fordert, so setzt
sie sich dem Mißverständnisse aus, als ob sie die Niederlage unserer
Waffen wünsche. Sie kann nur dann mit Wahrscheinlichkeit, dann
vielmehr mit Gewißheit auf Realisirung ihrer Wünsche rechnen, wenn
sie dem preußischen Volke Garantie dafür giebt, daß sie ihm nicht
feindselig ist, sondern in engster Gemeinschaft mit ihm die nämlichen
patriotischen Zwecke anstrebt.

Wenn aber in Nassau z. B. eine Zeitung behauptet, keine Partei
in Altpreußen, auch nicht die äußerste Linke, ja nicht einmal der über
letztere hinausgehende Dr. Johann Jacobi vermöge die Drangsale des
nassauischen Volks zu begreifen und demselben gerecht zu werden, so
setzt sie sich damit dem Verdacht aus, daß entweder ihre Beschwerden

in der That für Jedermann unbegreiflich, oder daß, wenn sie begründet sind, sie (die Zeitung und ihre Partei) in pessimistischer Spekulation wünscht, daß nicht geholfen werde, und daher Diejenigen, welche zu helfen berufen und geneigt wären, selbst daran hindert.

Die liberale Partei kann durch nichts, als durch eine solche Haltung, erfolgreicher ihre Stellung, die sie bis jetzt mit Ehren behauptet hat, untergraben. Ich habe bereits die Annäherung, welche sich zwischen der großdeutschen Partei von Nassau und der preußischen Bureaukratie daselbst, wenn auch nur sub reservatione mentali et ratione temporum habita, auf Widerruf und äußerlich vollzogen hat, oben geschildert. Die Früchte dieser allerdings höchst widernatürlichen, aber jedenfalls ad interim faktisch vorhandenen und sehr wirksamen Koalition treten bereits deutlich erkennbar auf allen Gebieten des öffentlichen Lebens zu Tage. Die Radikalen und Föderativ-Republikaner leisten natürlich aus pessimistischer Berechnung, welche von ihrem Standpunkte aus taktisch vollkommen gerechtfertigt ist, jener Koalition auf's Eifrigste Vorschub; und wenn dieser Konstellation gegenüber die d o r t i g e liberale Partei sich auf die Seite des süddeutschen Kantönli-Geistes neigt, dann sind die Tage ihrer Existenz und ihrer Wirksamkeit gezählt im preußischen Staate.

Deßhalb möge sie, und mögen die neuen Provinzen überhaupt, in ihrem e i g e n e n Interesse eingedenk sein der Mahnung:

> „Immer strebe zum Ganzen; und kannst Du selber kein Ganzes
> Bilden, als williges Glied schließ' an ein Ganzes Dich an!"

Inhalts-Verzeichniß.

Bei **Otto Wigand** in Leipzig ift foeben erfchienen und in allen Buch-
handlungen zu haben:

Jahrbuch
für
Volkswirthſchaft.

Unter Mitwirkung der namhafteſten Nationalökonomen
herausgegeben von Dr. Wolfgang Eras.

Zweiter Jahrgang. 8. 12½ Bog. broſch. 10 Ngr.

Inhalt: Volkswirthſchaft und Volksbildung. Von Dr. **Guſtav Natorp.** —
Die Aufhebung der Zinswuchergeſetze und der Schuldhaft in Deutſchland
und in Frankreich. Von Dr. **Karl Braun.** — Freihandel und Freihändler.
Von Dr. **Wolfgang Eras.** — Ueber Arbeiterunterſtützungskaſſen. Von
Prof. Dr. **Viktor Böhmert.** — Von der Zunft bis zur Gewerbefreiheit.
Von **Karl Scholz.** — Der deutſche Zollverein: ſonſt, jetzt und zukünftig.
Von Prof. Dr. **Emminghaus.** — Vom X. Congreß deutſcher Volkswirthe.
Bericht des Herausgebers.

Der Zwangsstaat
und die
Deutſchen Sozialiſten.
Volkswirthſchaftliche Studien
von Dr. Wolfgang Eras.

8. Preis 15 Ngr.

Inhalt: Einleitung. Laſſalle's „neues Gedankenprincip". Das „eherne
ökonomiſche Geſetz". Eine Staatsbank für Produktivaſſoziationen. Die
Ultramontanen als Arbeiterökonomen. Schulze's genoſſenſchaftliche Erfolge.
Die „Industrial Partnership" und ihr Prophet Dr. Engel. Zur Strikes-
Epidemie.
